LA GUIDA NBA

Nascita e regole della lega professionistica di basket più seguita al mondo

Prima Edizione – Aggiornata alla stagione 2023/24

A cura di Marco Bonizzi

INDICE

INTRODUZIONE

CAPITOLO PRIMO

La storia della National Basketball Association

1.1   La nascita della lega

1.2   Le franchigie

CAPITOLO SECONDO

Il funzionamento della National Basketball Association

2.1 Preseason, Regular Season, Playoff, Off-Season

2.2 L'equilibrio competitivo

2.3 *Salary cap*, contratti e mercato NBA

2.4 Il *draft* NBA

2.5 I fattori che possono minare l'equilibrio competitivo: *big market*, dinastie e *superteam*

CAPITOLO EXTRA

L'impatto sociale della NBA

X.1   Integrazione razziale, *entertainment* e cultura sportiva

RINGRAZIAMENTI

BIBLIOGRAFIA E SITOGRAFIA

INTRODUZIONE

Quando scrissi la tesi di laurea sulla NBA l'obiettivo era di far conoscere questa lega e il suo funzionamento a chi ancora non la conosce e provare a spiegare come sia diventata una delle leghe sportive più seguite nel mondo e il campionato di pallacanestro di riferimento per tutti gli appassionati.

Questa guida è proprio un'integrazione di quella tesi volta a tutte le persone che si stanno avvicinando al mondo del Basket e della NBA ed a chi pur conoscendo la lega vuole integrare la sua conoscenza di essa, partendo dalla sua nascita, passando da chi la compone e arrivando al complesso sistema di regole che tendono alla ricerca dell'equilibrio competitivo.

Questa guida si articola in tre capitoli ben distinti.

Il primo descriverà la nascita della lega professionistica ed i motivi del suo successo rispetto alle altre competizioni professionistiche statunitensi di pallacanestro, oggi non a caso non più esistenti; inoltre verranno elencate le squadre che compongono la lega.

Nel secondo capitolo invece viene descritto il complesso sistema di regole interne alla NBA, volte principalmente a raggiungere l'equilibrio competitivo, o *competitive balance*; questo è l'elemento che caratterizza il successo sportivo di questa lega e che essa, anno dopo anno, continua a ricercare spasmodicamente per creare una competizione la più incerta possibile; infine, si tratteranno quei fattori, alcuni difficilmente gestibili e controllabili dalla lega, che almeno in una certa misura possono minare questo equilibrio.

Il terzo e ultimo capitolo, difinito *Extra*, è un'integrazione alla guida nel quale verrà illustrato il complesso rapporto tra il pubblico e la lega stessa; si parlerà altresì del difficile tema dell'integrazione razziale, in relazione al quale la NBA ha progressivamente offerto un contributo non insignificante; verrà inoltre spiegato il ruolo assunto dalla NBA nella cultura sportiva statunitense, adattando alla pallacanestro il concetto di *entertainment*[1].

---

[1] *Entertainment*, in italiano significa letteralmente intrattenimento; nella cultura statunitense questo concetto viene tuttavia sovente utilizzato secondo un'accezione più ampia e complessa, della quale appunto ci si avvale in questa sede.

Ringrazio tutti voi che avete dato fiducia al progetto della creazione di questa guida tascabile e vi auguro buon viaggio.

CAPITOLO PRIMO

La storia della National Basketball Association

1.1 La nascita della lega

La pallacanestro nacque nel 1891 da un'idea del professor James Naismith, come semplice intrattenimento per tenere occupati gli studenti in palestra durante i freddi inverni del Massachusetts, quando giocare a baseball o football americano risultava impossibile; secondo la leggenda, lanciando i fogli di carta dei suoi progetti nel cestino Naismith trovò l'ispirazione per il nuovo gioco. Un anno dopo venne riconosciuto ufficialmente come sport e iniziò a spopolare negli Stati Uniti, Canada e poi pian piano anche nel resto del mondo. Il primo tentativo di organizzare una manifestazione che avesse risonanza internazionale fu a Saint Louis durante i Giochi della III Olimpiade; si trattò di un torneo dimostrativo al quale parteciparono tuttavia solo alcune squadre studentesche provenienti da college o scuole statunitensi e alcuni giocatori amatoriali[2]. Fu solo nel 1932 che venne istituita la Federazione Internazionale di Pallacanestro, FIBA[3],

---

[2] I tornei dimostrativi consistono in esibizioni volte a promuovere un nuovo sport.
[3] Fédération Internationale de Basketball, fondata a Ginevra.

tutt'ora esistente e nel 1936 la pallacanestro divenne sport olimpico, seppur non senza problemi; infatti le Olimpiadi nel 1936 furono ospitate dalla Germania nazista, che tentò fino all'ultimo di escludere la pallacanestro, in quanto la sua nazione non aveva alcuna possibilità di vittoria: non a caso, la Germania perse una partita con il massimo scarto del torneo (58-16 contro l'Italia) e vinse un'unica partita grazie al ritiro della Spagna. Per screditare questo sport vennero scelte come arene dei campi da tennis in erba inutilizzati, per nulla funzionali al gioco della pallacanestro, il che di fatto impoverì tecnicamente il torneo e rovinò lo spettacolo. Ciononostante, furono rispettati i pronostici, con la vittoria degli USA sul Canada in finale, giocata tra l'altro sotto la pioggia in un campo di fango[4]. Sicuramente non si trattò di una buona pubblicità per la pallacanestro e nessuno investì per creare dei campionati professionistici, se non negli Stati Uniti, dove dal 1925 era già presente la American Basketball League, ABL (sopravvissuta sino al 1953), considerata la prima vera lega professionista di pallacanestro, madre dell'evoluzione che avrebbe portato sino alla odierna NBA.

---

[4] L'idea originale della FIBA era quella di giocare all'aperto, ma su campi in cemento. Quando si scoprì quale fosse in realtà la situazione dei campi, era ormai troppo tardi per intervenire e modificare le cose.

La National Basketball Association nacque nel 1946 con il nome di BAA, Basketball Association of America; l'obiettivo dei fondatori – alcuni proprietari di palazzetti di hockey su ghiaccio che venivano trasformati in campo da basket – era quello di creare una lega professionistica unica per gli Stati Uniti, sfruttando l'attrattività delle città più popolose (ad esempio New York negli anni '40 contava già quasi sette milioni e mezzo di abitanti) per trarre il massimo profitto dai propri palazzetti. L'iniziativa destò interesse non solo negli Stati Uniti, ma anche in Canada, tanto che la prima partita della neonata lega si disputò proprio a Toronto tra New York Knickerbockers (attuali New York Knicks) e Toronto Huskies al Maple Leaf Garden. Nel 1949 avvenne la fusione con un'altra lega attiva in quel periodo, la National Basketball League (NBL) fondata nel 1937 dai colossi industriali General Electric, Firestone e Goodyear, alla quale aderirono inizialmente tredici squadre. Nacque così la nuova lega denominata NBA, che accentuava ulteriormente il legame fra sviluppo delle attività sportive ed interessi economici (si pensi alle sponsorizzazioni e alla vendita di un crescente numero di biglietti grazie ai più numerosi eventi): una strategia rivelatasi vincente.

Inizialmente era costituita da diciassette franchigie di cui sette esistenti ancora al giorno d'oggi: Minneapolis Lakers (oggi Los Angeles Lakers), Fort Wayne Zollner Pistons (oggi Detroit Pistons), Tri-Cities Blackhawks (oggi Atlanta Hawks), Syracuse Nationals (oggi Philadelphia 76ers), Rochester Royals (oggi Sacramento Kings), Philadelphia Warriors (oggi Golden State Warriors), Boston Celtics e i già citati New York Knickerbockers (oggi Knicks).

Le succitate franchigie sussistono ancora oggi, seppur per lo più con un nome o in città differenti, avendo subito negli anni un cambio di proprietà o di sede geografica, mantenendo nondimeno la loro identità storica essenzialmente costituita dalle vittorie, dal valore e dal patrimonio della franchigia, dalla lunga e ininterrotta partecipazione alla lega e dai numeri di maglia ritirati, in quanto legati ai giocatori-simbolo della franchigia stessa[5].

Nonostante il successo iniziale i costi diventarono troppo alti e le franchigie provenienti dai cosiddetti *small market*, ovvero città relativamente piccole o senza grande interesse sportivo non riuscivano a finanziare le stagioni, finendo per spostarsi in centri molto più grandi o abbandonando del

---

[5] Il ritiro di un numero di maglia è un riconoscimento tributato da una squadra a un suo atleta riconosciuto come un'icona per essa, ritirando appunto il numero (o i numeri) con il quale egli ha giocato in carriera per quella squadra. Dal momento del ritiro nessun altro giocatore potrà più vestire quel numero di maglia.

tutto la lega; si passò così in soli sei anni a otto franchigie totali fino a quando nel 1961 a Chicago nacquero i Chicago Packers (attuali Washington Wizards) e successivamente sempre a Chicago nel 1966 i Chicago Bulls. Negli anni seguenti si proseguì con il cosiddetto "processo di espansione" della lega, che portò alla fusione con la lega rivale dell'ABA (Association Basketball of America), attiva dal 1967 al 1976. In seguito a questa unione, entrarono nella NBA quattro nuove franchigie: Denver Nuggets, Indiana Pacers, New York Nets (oggi Brooklyn Nets) e San Antonio Spurs. L'espansione della lega portò a fissare un numero totale definitivo di trenta franchigie nel 2004. Nella stagione 2021-22, oltre a quelle già citate in precedenza, compongono la lega le seguenti franchigie:

Miami Heat, Milwaukee Bucks, Cleveland Cavaliers, Toronto Raptors, Charlotte Hornets, Orlando Magic, Phoenix Suns, Utah Jazz, Memphis Grizzlies, Dallas Mavericks, Minnesota Timberwolves, Los Angeles Clippers, Portland Trail Blazers, New Orleans Pelicans, Oklahoma City Thunder, Houston Rockets[6].

La NBA ha fatto della ricerca di insediamento in grandi città il suo marchio di fabbrica, e non è un caso che sia

---

[6]   Branigan   Faurschou,   *NBA   History,*   2015:
https://nbahoopsonline.com/History/

l'unica sopravvissuta rispetto alle altre leghe; peraltro, oggi riesce non solo a posizionare le franchigie in grandi metropoli ma anche in città più piccole che in anni passati non avrebbero potuto competere[7]. Ora è il campionato di riferimento per la pallacanestro mondiale, raccogliendo i migliori giocatori provenienti da tutto il mondo, dove il requisito per giocarci è aver compiuto i diciotto anni, essersi diplomati e aver giocato almeno un anno in un college statunitense o in un campionato professionistico di un altro paese.

Come in tutti gli sport statunitensi, le squadre vengono chiamate franchigie, essendo veri e propri marchi che rappresentano lo stato e la città in cui sono situate, ma che prima di tutto sono un oggetto commerciale di cui la lega fa uso, facendole diventare un brand su scala mondiale.

Negli Stati Uniti ogni lega decide il numero di franchigie massime consentite ed è solo con il consenso della lega e delle altre squadre che una nuova franchigia viene ammessa, oppure è la stessa lega a promuoverne una nuova, facendo nascere i cosiddetti *expansion team*[8],

---

[7] Branigan Faurschou, *Why the NBA Succeeded Where Other Leagues Failed*, 2015:
https://nbahoopsonline.com/Articles/WhytheNBAsucceeded.html

[8] L'espressione *expansion team* - la cui traduzione letterale "squadra di espansione" - si riferisce ad una nuova squadra che partecipa alla lega, situata in una città che mai prima avesse rappresentato una franchigia.

franchigie che – una volta create – verranno vendute ad un acquirente che ne diventerà il proprietario; l'ultimo esempio di *expansion team* in NBA sono gli Charlotte Hornets, fondati nel 2004 dalla stessa lega per arrivare a trenta squadre. In queste leghe non esistono promozioni o retrocessioni, tuttavia è possibile che le franchigie non riescano a sostenere le spese minime per finanziare la stagione; in questo caso, prima che venga dichiarato il fallimento, con conseguente estinzione della franchigia, la lega – con il fine di migliorare la condizione commerciale della franchigia in difficoltà attirando più tifosi e nuovi giocatori – la trasferisce in un'altra città. La franchigia appena spostata manterrà nome e colori oppure potrà cambiarli a scelta dei proprietari. È proprio questa seconda opzione che solitamente viene adottata per aumentare il senso di novità, però non sono rari i casi in cui, in seguito ad uno spostamento, si lasciano inalterati alcuni aspetti, soprattutto per la loro iconicità: esempio tipico sono i Lakers, nati nel 1947 quando Ben Berger e Morris Chalfen comprarono la franchigia dei Detroit Gems (presente nella NBL) per 15.000 dollari, e trasferirono la sede a Minneapolis. Nacquero così i Minneapolis Lakers, il cui nome si ispira al fatto che il Minnesota è chiamato "La terra dei 10.000 laghi".

La franchigia fin da subito si rivelò vincente, conquistando cinque titoli in sei anni (tre dei quali consecutivamente ed ancora oggi è una delle due più vincenti della storia con diciassette titoli) e nel 1959 si spostò nella ben più grande città di Los Angeles per sviluppare ulteriormente il proprio mercato potenziale, pur essendo già la franchigia di riferimento in quegli anni. Nonostante il nome Lakers non avesse alcuna correlazione reale con la città degli angeli o con lo stato della California, esso venne mantenuto in quanto già all'epoca iconico[9].

Sono poche le franchigie che dalla propria nascita non hanno cambiato nome o città, la più famosa delle quali è sicuramente quella dei Boston Celtics, fondati a Boston nel 1946 da Walter A. Brown, al quale inizialmente vennero proposti quattro nomi tra cui scegliere, tutti collegati a peculiarità o leggende connesse con la zona di Boston: Whirlwinds, Olympians, Unicorns e Celtics (peraltro, si riteneva che dare un nome con riferimento irlandese ad una squadra di Boston portasse sfortuna). Brown scelse comunque Celtics in memoria dei New York Celtics, una squadra di basket appartenente alla ABL ritenuta all'epoca imbattibile e, di conseguenza, costretta dalla lega stessa a

---

[9] *Los Angeles Lakers,* 2021: https://www.lines.com/nba/history-of-nba-teams/lakers

13

ridimensionarsi, cedendo quasi tutti i giocatori ad altre squadre, il che portò poi al fallimento della franchigia newyorkese[10]. Nonostante le previsioni iniziali la squadra di Boston oggi è la più titolata nella storia NBA (diciassette titoli come i Lakers).).

I Boston Celtics detengono anche un primato simbolico assai significativo: il particolarissimo layout del parquet non è mai cambiato dalla loro nascita ad oggi, venendo a costituire un elemento cruciale dell'identità della franchigia stessa[11].

La scelta del nome per una nuova franchigia risulta fondamentale già inizialmente per espandere il brand della stessa sia nella città e stato di appartenenza sia a livello mondiale, come fu per i Toronto Raptors, fondati nel 1995 e terza squadra NBA di sempre in Canada, dopo i Toronto Huskies sciolti nel 1946 e i Vancouver Grizzlies (oggi a Memphis), con lo scopo di avvicinare alla pallacanestro le nuove generazioni canadesi, dove lo sport nazionale è l'hockey sul ghiaccio. Come per molte franchigie alla loro nascita, venne istituito un "NTTC" (name the team contest), ovvero un sondaggio in cui gli stessi tifosi

---

[10] I Celtics di New York, chiamati anche Original Celtics, sono la prima squadra ad essere entrata nella Hall of Fame del Basket.
[11] *Boston Celtics*, 2021: https://www.lines.com/nba/history-of-nba-teams/celtics

indicavano la preferenza riguardo al nome della squadra, scegliendo tra i dieci nomi possibili scelti dal front office[12]; i nomi finalisti furono Raptors, Bobcats e Dragons. Ufficialmente vinse il nome Raptors, ma anni dopo venne scoperto che il vero vincitore del sondaggio fu Dragons; il risultato fu manomesso poiché spopolava ancora il film Jurassic Park tra i giovani quindi il nome risultava perfetto per la nuova franchigia, che fece del dinosauro il suo simbolo principale[13][14][15]. Questa strategia funzionò anche grazie a diversi talenti che fin da subito sbarcarono a Toronto, riuscendo a conquistare non solo le nuove generazioni ma anche i tifosi più maturi. I Raptors riuscirono a vincere il titolo nel 2019 e i tifosi di tutto il Canada esultarono al grido di "We are the North" rimarcando il fatto di rappresentare un paese intero, che oggi è il secondo per popolarità della pallacanestro.

---

[12] L'espressione *Front Office* indica l'ufficio o l'organizzazione responsabile delle relazioni verso il pubblico.

[13] CBC Radio, *Before they were the Raptors, Toronto's NBA team was nearly the Beavers, Hogs or Dragons, 2019*: https://www.cbc.ca/radio/day6/raptors-name-game-impeach-o-meter-regulating-tech-companies-black-mirror-song-of-the-summer-and-more-1.5155735/before-they-were-the-raptors-toronto-s-nba-team-was-nearly-the-beavers-hogs-or-dragons-1.5155747

[14] BarDown, TSN, *The Raptors were almost named the Dragons, which would have worked perfectly today*, 2017: https://www.bardown.com/the-raptors-were-almost-named-the-dragons-which-would-have-worked-perfectly-today-1.835389

[15] Adam Francis, *Toronto Raptors*, 28 Maggio 2019: https://www.thecanadianencyclopedia.ca/en/article/toronto-raptors

Risulta impossibile definire il numero preciso di persone che seguono attualmente questo campionato, le ultime stime però parlano di circa 500 milioni di persone sulle 2,2 miliardi totali che seguono la pallacanestro su scala planetaria (terzo sport più seguito al mondo). Si trova conferma del successo di questa lega sui social, media in cui la NBA ha sempre creduto tantissimo investendo moltissime risorse della propria campagna marketing, attraverso la pubblicazione ogni giorno di video, statistiche e spot pubblicitari: oggi è il campionato più seguito su Instagram, Facebook e Youtube con un totale sui tre social di oltre 120 milioni di followers, dove il secondo posto è ben distante occupato dalla Premier League inglese[16] con 99 milioni[17].

---

[16] La Premier League è il campionato di calcio di massima divisione del Regno Unito, che attualmente costituisce la lega calcistica più ricca, popolare e tecnicamente qualitativa a livello mondiale.
[17] Johnathan Tillman, *TV Ratings Are Down, but the NBA's Popularity Isn't,* 09 Luglio 2021: https://boardroom.tv/nba-popularity-tv-ratings/

1.2 Le franchigie

Prima di spiegare l'organizzazione della lega è giusto dedicare un paragrafo sulle attrici che la compongono: le franchigie.

In NBA le franchigie vengono divise in 2 conference ed, per ogni *conference*, in 3 diverse *division* sulla base della loro locazione geografica.

Di seguito, vengono elencate tutte le trenta franchigie attualmente presenti in NBA suddivise per *conference* e *division*, con un piccolo dettaglio della loro data di fondazione, l'origine del nome, i colori principali, e i loro eventuali successi[18]:

EASTERN CONFERENCE
Atlantic Division

Boston Celtics
- Fondazione: 1946
- Nome: il nome fu scelto dal fondatore della franchigia tra una scelta di quattro nomi proposti[19]
- Colori principali: verde, bianco

---

[18] Le informazioni delle franchigie derivano dalla conoscenza dell'autore integrata con il sito https://www.lines.com/nba/history-of-nba-teams/ e i video pubblicati su Youtube di *Campo Aperto – La vera storia dei nomi delle squadre NBA*.
[19] Storia descritta nel paragrafo 1.1

– Palmares: 17 titoli NBA

Brooklyn Nets

– Fondazione: 1967
– Nome: il nome "Nets" venne istituito dopo il trasferimento a Long Island nel 1968.
– Colori principali: nero, bianco
– Palmares: 2 titoli ABA

New York Knicks

– Fondazione: 1946
– Nome: il nome "Knicks" è l'abbreviazione di Knickerbockers, appellativo usato per individuare i coloni olandesi con i loro particolari pantaloni alla zuava
– Colori principali: blu, arancione
– Palmares: 2 titoli NBA

Philadelphia 76ers

– Fondazione: 1939
– Nome: presero il nome "76ers" nel 1963 come omaggio all'anno dell'indipendenza statunitense, il 1776
– Colori principali: blu, bianco e rosso

- Palmares: 3 titoli NBA

Toronto Raptors
- Fondazione: 1995
- Nome: il nome "Raptors" venne scelto in onore del colossal Jurassick Park uscito al cinema durante il periodo di fondazione della franchigia
- Colori principali: rosso, nero, bianco
- Palmares: 1 titolo NBA

Central Division

Chicago Bulls
- Fondazione: 1966
- Nome: il nome "Bulls" fu scelto come simbolo di forza e potere
- Colori principali: rosso, nero, bianco
- Palmares: 6 titoli NBA

Cleveland Cavaliers
- Fondazione: 1970
- Nome: il nome "Cavaliers" vinse un sondaggio di nomi tra i tifosi in omaggio dei cavalieri settecenteschi
- Colori principali: rosso. oro
- Palmares: 1 titoli NBA

Detroit Pistons

- Fondazione: 1941
- Nome: il nome "Pistons" fu scelto dal fondatore della franchigia, Fred Zollner, in quanto altresì proprietario di una compagnia che produceva pistoni
- Colori principali: blu, rosso, grigio
- Palmares: 2 titoli NBL, 3 titoli NBA

Indiana Pacers

- Fondazione: 1967
- Nome: il nome "Pacers" prende ispirazione sia dalle corse dei cavalli sia dalla pace car presente nella Indy 500, una delle corse automobilistiche più famose del pianeta.
- Colori principali: blu, oro, grigio
- Palmares: 3 titoli ABA

Milwaukee Bucks

- Fondazione: 1968
- Nome: il nome "Bucks" deriva dalla numerosa presenza di cervi nel territorio del Wisconsin
- Colori principali: verde, bianco
- Palmares: 2 titoli NBA

Southeast Division

Atlanta Hawks

- Fondazione: 1946
- Nome: il nome "Hawks" deriva dalla guerra di Black Hawk combattuta principalmente in Illinois
- Colori principali: rosso, bianco, giallo, nero
- Palmares: 1 titoli NBA

Charlotte Hornets

- Fondazione: 1988
- Nome: il nome "Hornets" deriva da un'affermazione del Generale britannico Cornwallis che definì la zona del Nord Carolina come un nido di calabroni per la sua organizzazione e resistenza bellica[20].
- Colori principali: azzurro, bianco, viola

Miami Heat

- Fondazione: 1987
- Nome: il nome "Heat" fu scelto dai tifosi attraverso un contest di nomi
- Colori principali: rosso, bianco, nero

---

[20] Evento accaduto nella battaglia di Charlotte nel 1780; l'affermazione originale fu "a hornet's nest of rebellion"

- Palmares: 3 titoli NBA

Orlando Magic
- Fondazione: 1989
- Nome: il nome "Magic" vinse il sondaggio dei nomi proposto ai tifosi; il nome è un omaggio al parco di Walt Disney World presente ad Orlando
- Colori principali: nero, blu

Washington Wizards
- Fondazione: 1961
- Nome: il nome "Wizards" venne scelto come rappresentazione di saggezza e magia attribuita alla squadra
- Colori principali: blu, rosso, bianco
- Palmares: 1 titolo NBA

WESTERN CONFERENCE
Northwest Division

Denver Nuggets
- Fondazione: 1967
- Nome: il nome "Nuggets" è ispirato alle miniere d'oro presenti in Colarado negli anni '70; furono

costretti a cambiare il loro nome originale "Rockets" quando entrarono nella NBA data la presenza degli Huston Rockets già presenti da anni nella Lega.

- Colori principali: blu, giallo, bianco
- Palmares: 1 titolo NBA

Oklahoma City Thunder
- Fondazione: 1967
- Nome: il nome "Thunder" venne scelto nel 2008, in seguito allo spostamento da Seattle della franchigia, come dismostrazione di energia dovuta al nuovo inizio nella città di Oklahoma
- Colori principali: azzurro, arancio
- Palmares: 1 titolo NBA

Minnesota Timberwolves

- Fondazione: 1989
- Nome: il nome "Timberwolves" prende ispirazione dai numerosi branchi di Timberwolves presenti nel Minnesota
- Colori principali: blu, verde, bianco

Portland Trail Blazers
- Fondazione: 1970

- Nome: il nome "Trail Blazers" prende ispirazione dalla tecnica del trail blazing, ovvero il segnare gli alberi per indicare il percorso agli avventurieri futuri
- Colori principali: rosso, nero, bianco
- Palmares: 1 titolo NBA

Utah Jazz
- Fondazione: 1974
- Nome: il nome "Jazz" fu scelto quando la franchigia era ancora ubicata a New Orleans, patria del Jazz
- Colori principali: giallo, nero, blu

Pacific Conference

Golden State Warriors
- Fondazione: 1946
- Nome: il nome fu scelto alla nascita della franchigia, a Philadelphia, "riciclando" il nome di una più antica squadra di pallacanestro nella zona di Philadelphia.
- Colori principali: blu, giallo
- Palmares: 7 titoli NBA

Phoenix Suns

- Fondazione: 1968
- Nome: il nome "Suns" prende ispirazione dal territorio desertico di Phoenix
- Colori principali: viola, arancio

Los Angeles Clippers

- Fondazione: 1970
- Nome: il nome "Clippers" venne scelto per la franchigia durante il trasferimento di essa a San Diego (prima di trasferirsi nuovamente a Los Angeles) come riferimento alle navi da vela avvistabili a San Diego
- Colori principali: rosso, blu, bianco

Los Angeles Lakers

- Fondazione: 1946
- Nome: il nome "Lakers" deriva dalla presenza di numerosi laghi nello stato del Minnesota, dove la franchigia fu fondata
- Colori principali: giallo, viola
- Palmares: 17 titoli NBA

Sacramento Kings

- Fondazione: 1948

- Nome: il nome "Kings" fu scelto con lo spostamento della squadra a Kansas City, in quanto nella città militavano i Kansans City Royals (la squadra di baseball), cambiando così il nome da Royals a Kings per mantenere un nome "Reale"
- Colori principali: viola, grigio, nero
- Palmares: 1 titolo NBL, 1 titolo NBA

Southwest Divsion

Dallas Mavericks
- Fondazione: 1980
- Nome: il nome "Mavericks" prende ispirazione da una vecchia serie televisiva western Maverick.
- Colori principali: blu, argento, bianco

San Antonio Spurs
- Fondazione: 1967
- Nome: il nome "Spurs" prende ispirazione dagli speroni dei cowboy presenti in Texas
- Colori principali: nero, argento
- Palmares: 5 titoli NBA

New Orleans Pelicans

- Fondazione: 2002
- Nome: il nome "Pelicans" fu istituito nel 2013 in

seguito all'acquisizione della franchigia da parte di
Tom Benson

- Colori principali: blu, rosso

Houston Rockets

- Fondazione: 1967
- Nome: il nome "Rockets" prende ispirazione dalla città di San Diego (dove fu fondata la franchigia) in quanto chiamata "City in motion" e per la costruzione di missili presente in città
- Colori principali: rosso, nero, bianco
- Palmares: 2 titoli NBA

Memphis Grizzlies

- Fondazione: 1993
- Nome: il nome "Grizzlies" fu scelto dai tifosi attraverso un contest di nomi quando la franchigia era ancora ubicata a Vancouver
- Colori principali: blu, azzurro, oro

CAPITOLO SECONDO

Il funzionamento della National Basketball Association

2.1 Preseason, Regular Season, Playoff, Off-Season

Il calendario della NBA può essere suddiviso in 4 momenti diversi: preseason, regular season (o stagione regolare), playoff (o post season) e off-season, qui di seguito descritti:

PRESEASON

La preseason è il lasso di tempo, generalmente due settimane, che precede l'inizio della stagione regolare.

Durante la preseason le franchigie giocano qualche partita (solitamente quattro) di riscaldamento per il vero inizio dei giochi.

Le partite di esibizione giocate durante questo periodo vengono sfruttate dalla lega per creare l'hype per la nuova stagione facendo anche disputare qualche match in campo neutro.

REGULAR SEASON

Da Ottobre ad Aprile viene giocata la stagione regolare, durante la quale le franchigie si giocano un posto per i playoff.

Ogni squadra gioca 82 partite suddivise con un particolare schema:

Durante la stagione regolare ogni franchigia gioca 2 volte contro le franchigie della *conference* opposta (per un totale di 30 partite), 4 partite contro le franchigie della stessa *division* (per un totale di 36 partite) e 3 o 4 partite, sulla base di una rotazione a cadenza annuale, contro le rimanenti franchigie della stessa *conference* (per un totale di 30 partite); questo particolare sistema porta alle 82 partite totali per franchigia già succitate.

NBA CUP

A partire stagione 2023/24 è stato istituito un nuovo torneo durante la regular season chiamato NBA Cup, il cui scopo è aggiungere un ulteriore competizione per le franchigie ed aumentare la competitività delle partite durante la regular season; difatti le partite conteranno sia per la Regular Season sia per la NBA Cup

A questo torneo partecipano tutte le 30 franchigie inizialmente divise in sei gruppi da cinque nei quali ogni franchigia gioca 4 partite totali, una contro ogni altra squadra del proprio gruppo.

Alla fine delle partite di qualificazione le prime sei franchigie di ogni gruppo e le due migliori seconde compongono il tabellone finale ad eliminazione diretta con le *Final Four*[21] giocate in campo neutro.

PLAYOFF

Alla fine della regular season le migliori 8 franchigie di ogni conference si affrontano per la vittoria finale; in reltà solamente le prime 6 franchigie di ogni *conference* sono qualificate automaticamente alla fase finale del torneo, poiché gli ultimi due posti per *conference* vengono assegnati con i *Play-in*.

I *Play-in* sono due mini-tornei (uno per *conference*) che vedono affrontarsi le franchigie classificate dal settimo al decimo posto con il seguente schema: settima vs ottava e nona vs decima.

---

[21] Con Final Four si intende il torneo finale ad eliminazione diretta tra le migliori 4 franchigie. Vengono giocate 3 partite totali: due semifinali e la finale.

La vincente delle scontro tra settima e ottava franchigia è qualificata ai *play-off* mentre la vincente tra nona e decima dovrà affrontare la perdente dello scontro tra la settima e ottava; la vincitrice di questa sfida si aggiudica l'ultimo posto della *conference* per accedere ai *play-off*.

Si nota come classificarsi settimi o ottavi non dia la qualificazione diretta ma assicura comunque un gran vantaggio nei *Play-in*, dando una doppia possibilità di vittoria e quindi di accesso alla fase finale, mentre per la nona e decima classificata l'unica possibilità è vincere due partite consecutivamente.

Stabilite le 8 concorrenti per ogni *confernece* al titolo NBA, viene istuito un tabellone (uno a *conference*) che vede affrontare le franchigie in serie al meglio delle 7 partite con il seguente schema iniziale: prima vs ottava, seconda vs settima, terza vs sesta e quarta vs quinta.

Dai tabelloni usciranno le due finaliste che si contederanno il titolo alle *NBA Finals* con un'ultima serie al meglio delle 7 partite.

OFF-SEASON

L'off-season è il periodo tra la fine di una stagione e l'inizio della successiva caratterizzato principalmente da 4 momenti: *Draft*, *Free Agency*, mercato NBA e Summer League.

Rimando momentaneamente la spiegazione del *draft*, del mercato e della *free agency* ai paragrafi successivi.

La Summer League è un torneo estivo di esibizione dove le squadre possono testare i nuovi talenti acquisiti al *draft*, i nuovi acquisti, i loro giovani giocatori e i possibili nuovi giocatori in entrata da squadre esterne alla NBA.

2.2 L'equilibrio competitivo

Abbiamo visto come la NBA (e le altre leghe sportive professionistiche) agisca, da un punto di vista economico, mossa dall'obiettivo di massimizzare lo spettacolo e di conseguenza il profitto. Come spiega il celebre economista Michael Porter, un'impresa attraverso l'analisi del settore deve valutare la propria posizione competitiva e calcolare la redditività sul lungo termine[22]; l'obiettivo primario della lega è quindi attrarre il massimo numero di consumatori verso il proprio prodotto e allontanare gli stessi consumatori da forme di intrattenimento alternative, sia nell'immediato sia negli anni futuri. L'elemento che impatta maggiormente sull'appeal della lega è il *competitive balance*, definito da alcuni economisti "l'incertezza del risultato", con riferimento, nel caso specifico, sia alla singola partita, sia alla singola stagione. Questo concetto riguarda la difficoltà di prevedere con relativa certezza il risultato finale di un match o della competizione prima del suo inizio. La teoria economica supporta il concetto che il *competitive balance* sia un elemento importante del vantaggio competitivo che una

---

[22] Michael E. Porter, *Competitive Strategy*, New York, Simon & Schuster, 2004.

lega può conseguire nei riguardi di altre forme di intrattenimento, poiché all'aumentare dell'incertezza aumenterà proporzionalmente anche la partecipazione da parte del pubblico e degli sponsor; si può dedurre quindi che la presenza di un equilibrio competitivo, cioè di una competizione più serrata per i concorrenti e maggiormente imprevedibile per gli spettatori, risulti essenziale anche per la sostenibilità del progetto. Tale situazione non soltanto favorisce sensibilmente la vendita di un maggior numero di biglietti, ma incentiva considerevolmente anche le compagnie televisive e gli sponsor ad investire in un sistema come quello NBA, caratterizzato appunto dalla capacità di offrire uno spettacolo sportivo da ottobre a luglio con partite giocate ogni giorno, per un totale di ottantadue per ogni singola squadra durante l'intera stagione regolare, terminando con l'evento finale dei playoff, il quale consiste nella sfida tra le sedici migliori squadre della *regular season* per la conquista del titolo.

La definizione di *competitive balance* è tuttavia relativamente vaga, non potendo essere determinata con assoluta precisione o attraverso un calcolo matematico; inoltre, un equilibrio competitivo perfetto, o concorrenza perfetta, nella pratica è del tutto irrealizzabile[2324]. Per

---

[23] Flavio Tranquillo, *L'equilibrio competitivo: un preambolo*, 19 Aprile

questo la lega deve cercare di fare in modo che, prima o poi, ogni squadra (o quasi) abbia la possibilità di competere per la vittoria e che ogni stagione sia comunque caratterizzata da una lotta per la competizione da parte di un ristretto numero di squadre. In sostanza, il sistema tende a promuovere una certa alternanza al vertice e nel successo finale, anziché a favorire lunghe sequenze di titoli consecutivi, monopolizzati dalla stessa franchigia o, quanto meno, da un ristretto novero di squadre di élite, per così dire. Difatti quando una squadra oggi ai vertici della lega (definita *contender*[25]) si ritroverà a non essere più competitiva (come prima o poi accade nella maggior parte dei casi), presumibilmente sarà indotta ad avviare un processo di ricostruzione[26]; viceversa, le squadre che oggi occupano i posti più bassi della classifica, grazie a un'adeguata gestione un domani potranno cercare di rivalersi e lottare per il titolo in pochi anni. Così facendo, l'interesse non viene creato solo per la stagione in corso,

---

2021, https://www.flaviotranquillo.com/lequilibrio-competitivo-un-preambolo/

[24] Simon Rottenberg, *The baseball players' labour market*, in "Journal of Political Economy", Vol. 64 No. 3 1956.

[25] Con l'espressione *contender* si indica una franchigia considerata tra le favorite per la vittoria.

[26] Quando una franchigia effettua una ricostruzione, o *rebuild*, tendenzialmente punta a sviluppare un nuovo progetto sportivo attraverso giocatori giovani rimanendo, per qualche anno, alle ultime posizioni in classifica. Il fine è diventare un giorno una *contender*.

ma anche per quelle future. Per riuscire in questo suo intento, la lega deve porre regole e limitazioni che in grado di influenzare la distribuzione dei giocatori migliori tra le varie franchigie, regolando sia i contratti stessi dei giocatori (nei quali vengono fissati guadagni minimi e massimi), sia utilizzando strumenti come *salary cap* e *luxury tax*; viene altresì regolato anche l'ingresso dei giocatori nella lega attraverso il *draft*.

Inoltre, in NBA viene utilizzato anche un modello di *revenue-sharing* nel quale i mercati delle città più grandi sostengono i mercati meno grandi e ricchi; così facendo tutte le franchigie, almeno a livello teorico, dovrebbero avere uguale, o quantomeno simile, possibilità finanziaria. Le franchigie infatti devono versare una percentuale che varia dal 15% al 25% dei loro profitti, in base al bacino di utenza televisiva, a un fondo comune; a tale somma vengono aggiunti tutti gli importi ricevuti dalla lega in seguito a sanzioni[27]; questo fondo sarà poi redistribuito in modo proporzionale tra le franchigie. Il mercato di ogni squadra, ad ogni modo, è costantemente monitorato dalla NBA, che all'inizio della stagione calcola quali siano i

---

[27] Le sanzioni vengono comminate quando una franchigia viola una regola, oppure in seguito a condotte antisportive; possono essere sanzionate sia le franchigie sia i giocatori.

profitti stimati per ognuna di esse; a fine anno, chi non ha raggiunto la soglia stimata dovrà versare la differenza come penale (a meno che ciò non si sia verificato per cause di forza maggiore che abbiano alterato i profitti) e dovrà – insieme alla lega – costruire un nuovo piano di marketing[28].

Per capire se le soluzioni adottate e i cambiamenti effettuati durante gli anni stiano funzionando – in altre parole, per verificare cioè se il sistema abbia conseguito le finalità che si era prefissato – bisogna leggere i numeri: sono ventuno le franchigie ad aver vinto almeno un titolo, di cui diciannove tutt'ora esistenti e negli ultimi dieci anni ben sette franchigie diverse sono riuscite nell'impresa. In pratica, come avremo modo di approfondire, pur essendovi alcune squadre che hanno contrassegnato profondamente le loro epoche creando le cosiddette 'dinastie', nel complesso è lecito affermare che il successo nel torneo NBA è stato raramente monopolizzato da una sola franchigia. In tal senso, lo straordinario ciclo vincente realizzato fra il 1957 e il 1969 dai Boston Celtics capitanati dal mitico Bill Russell costituisce un'eccezione tanto degna di nota, quanto ben difficilmente ripetibile.

---

[28] Larry Coon, *Collective Bargaining Agreement,* 2021, http://www.cbafaq.com/salarycap.htm#Q21

Tuttavia, benché il sistema attuale nel suo complesso sembri funzionare in modo accettabile, analizzando meglio le succitate recenti vincitrici, solo due franchigie delle sette non aveva mai vinto prima; e in effetti, leggendo l'albo d'oro si nota come le vittorie non siano distribuite in maniera omogenea: delle ventuno squadre vincenti, dieci hanno vinto solamente una volta mentre Lakers e Celtics hanno vinto ben diciassette volte. Le restanti pluripremiate, inoltre, nella maggior parte dei casi hanno vinto solo in anni consecutivi o in un arco temporale molto ridotto.

2.3 *Salary cap*, contratti e mercato NBA

In NBA, come negli altri sport, gli atleti giocano nella squadra per la quale hanno firmato un contratto, ovvero l'accordo tra le parti che regola il loro rapporto per la durata prevista dal contratto stesso[29]; a differenza di quanto accade in Europa, però, negli sport statunitensi una squadra non può acquistare direttamente i giocatori dalle altre attraverso un corrispettivo in denaro, ma il mercato degli atleti avviene solo attraverso due modalità: lo scambio, o *trade*, dei giocatori, nel quale teoricamente vengono scambiati uno o più giocatori con lo stesso valore contrattuale; a questi scambi, come vedremo in seguito, si possono aggiungere le scelte del *draft*; l'altra modalità prevede di offrire un nuovo contratto a un giocatore durante la *free agency*[30], unico momento nel quale gli sportivi, il cui contratto è scaduto, possono accettare un'offerta più conveniente da parte di un'altra squadra.

Solitamente i giocatori che si trovano in questa situazione non devono sottostare ad alcuna restrizione, e vengono

---

[29] Vincenzo Roppo, *Diritto privato linee essenziali,* Torino, Giappichelli, 2017, p. 294.

[30] Con *free agency* si indica il mercato dei giocatori attualmente senza contratti attivi.

infatti chiamati *unrestricted free agent* (UFA), liberi di accettare qualunque offerta gli venga proposta. In alcuni casi però possono essere *restricted free agent* (RFA); in questa condizione la loro precedente squadra ha un diritto di prelazione sul contratto successivo, potendo pareggiare l'offerta più alta fatta al giocatore; così facendo automaticamente il giocatore continuerà la carriera con la squadra per la quale sta già giocando. Le condizioni per diventare RFA solo solamente tre e verranno spiegate in seguito.

I contratti assumono il ruolo cruciale nel mercato interno NBA e proprio per questo vengono regolati nei minimi dettagli dalla lega stessa per equilibrare la competizione; lo strumento fondamentale a tale scopo è il tetto salariale (*salary cap*).

Il *salary cap*, è lo strumento principale della lega per bilanciare la distribuzione del talento degli atleti tra le varie franchigie e rappresenta il limite massimo, uguale per ogni squadra, che può essere speso annualmente per i contratti dei propri giocatori.

Introdotto per la prima volta negli anni '40 e poi abolito, venne ripristinato stabilmente dalla stagione 1984-85.

Inizialmente la formula per il calcolo del tetto salariale prevedeva di dividere per il numero totale delle squadre (quell'anno erano 23) il 53% della somma totale di tutti gli stipendi dei giocatori; vennero stabilite anche alcune semplici eccezioni: se una squadra è già oltre il limite, quindi non potendo fare ulteriori operazioni di mercato, può rinnovare i suoi giocatori di un anno ad un contratto minimo (il cui valore fu stabilito dalla lega), oppure ingaggiare un *rookie*[31] sempre al contratto minimo; invece, in caso di rinuncia al contratto, di ritiro, o di infortunio di un giocatore, lo si può sostituire con un nuovo atleta, ma il nuovo contratto deve essere al massimo il 50% del valore di quello del collega sostituito. In più vennero aggiunte altre due norme: la prima garantiva con certezza ai giocatori soltanto circa la metà del contratto pattuito, mentre l'altra metà veniva pagata solo in caso di raggiungimento di una somma stabilita a inizio anno dalla lega in relazione agli introiti derivanti dai diritti televisivi e radiofonici; la seconda invece stabiliva la percentuale minima del *salary cap* che le squadre erano tenute a spendere. Il primo tetto salariale fu di 3,6 milioni di dollari[32]

---

[31] *Rookie* (matricola) è detto un giocatore al primo anno nella lega.
[32]*Sonics's payroll one of five frozen*, in "The Spokesman-Review", 1 Aprile 1983, n. 318, p. 25, https://news.google.com/newspapers?id=qNURAAAAIBAJ&sjid=oO4D

e inizialmente venne pensato come un esperimento di quattro anni, al termine dei quali la norma venne rinnovata e mai più abbandonata.

Oggi regole ed eccezioni sono completamente diverse; la determinazione del *salary cap* innanzitutto è data dalla percentuale di circa il 50% (ogni anno varia di poco a seconda degli accordi stabiliti tra lega e associazione dei giocatori; accordi che, se non raggiunti, possono portare anche ad uno sciopero, come già accaduto quattro volte nella storia della lega) dell'indice BRI (Baskeball-Related Income), che rappresenta il totale degli introiti derivante da diritti televisivi, sponsor, vendita di merchandising e incassi minori dell'anno precedente; l'ultimo tetto salariale è stato fissato a 136,021 milioni di dollari per ciascuna franchigia.

Il *salary cap* della NBA, in realtà, è però un cosiddetto *soft cap*, poiché le franchigie, che ogni anno sono obbligate a spendere almeno il 90% del *cap* totale (altrimenti la somma equivalente alla differenza tra il totale dei contratti ed il minimo spendibile sarà distribuita in parti uguali tra i giocatori), possono superare il tetto grazie alle numerose eccezioni previste dalla lega o con la maturazione di diritti

AAAAIBAJ&pg=7432%2C138704

speciali chiamati *Bird Rights*, che spiegherò in seguito*;* il tetto salariale tuttavia non può essere superato all'infinito, dal momento che esiste un limite chiamato *tax apron*, una volta superato il quale vengono bloccati ulteriori movimenti di mercato alla squadra (nel 2023 è fissato a 182,794 milioni di dollari). Nel mezzo tra il tetto salariale e la *apron line* viene stabilita la *luxury tax line*, ovvero la soglia oltre la quale è prevista una multa da pagare alla lega, dovendo versare una somma che, in base a quanto viene sforata, varia da 1,5 a 4 dollari per ogni dollaro in più oltre la *luxury line* (nel 2023 questa soglia è di 165,294 milioni di dollari).

Di seguito verrà illustrato il funzionamento di tutte le eccezioni e dei cosiddetti diritti Bird:

- *Non-taxplayer Mid Level Exception* (non-tax MLE): è un'eccezione di cui tutte le squadre possono approfittare annualmente. Come per tutte le eccezioni, il suo valore varia al variare del *salary cap*, quest'anno è di 12,405 milioni di dollari; può essere usata per firmare uno o più giocatori per una durata contrattuale massima di quattro anni. Utilizzandola però la squadra sarà considerata *hard capped*, ovvero non potrà in alcun modo superare la soglia *apron*.

- *Taxplayer Mid Level Exception* (tax MLE): molto simile alla precedente, viene concessa alle squadre che utilizzandola sforerebbero la soglia *apron*. Ha un valore inferiore rispetto alla sua gemella (5 milioni di dollari) e analogamente può essere utilizzata per firmare uno o più giocatori ma con una durata massima di tre anni. In questo caso, dopo avervi fatto ricorso la squadra non potrà più svolgere alcun movimento di mercato

- *Room exception*: viene concessa a tutte le squadre al di sotto del tetto salariale. Ha un valore di 7,723 milioni di dollari. Anche questa è 'spalmabile' su più giocatori con un contratto massimo di due anni.

- *Bi-annual exception* (BAE): viene concessa solo alle squadre che sono al di sopra del *salary cap* e che, usandola, non finiscano in *apron zone*. Può essere utilizzata una volta ogni due anni ed ha un valore di 4,516 milioni di dollari, è divisibile su più giocatori per una durata massima di due anni.

- *Disable player exception* (DPE): in seguito ad un infortunio grave di un giocatore (che non gli impedisca di giocare almeno metà o tutta la stagione), la lega può concedere questa eccezione alla squadra, il cui valore è dato dalla somma minore fra non-tax MLE e contratto del giocatore pieno o al 50% (in base alla gravità dell'infortunio). Si possono firmare solo contratti annuali, inoltre – unico caso in cui può essere scelta questa opzione – si possono assumere giocatori con un contratto attivo, a patto però che quest'ultimo sia in scadenza nell'estate successiva; il giocatore prima finirà la stagione con la squadra con la quale ha in essere il contratto e al termine di essa passerà automaticamente all'altra squadra.

– *Traded player exception* (TPE): quando una squadra, in seguito ad uno scambio, cede un quantitativo salariale maggiore di quello acquisito, può usufruire di questa differenza per firmare un giocatore senza contratto, oppure se ne può avvalere per acquisire un giocatore tramite *trade*; la squadra che riceve il giocatore però potrà offrire esclusivamente delle scelte al *draft* e quindi non può coinvolgere altri giocatori. Questa eccezione può essere spesa nell'arco di un anno.

– Minimo salariale: questa eccezione prevede che, a prescindere dalla propria situazione salariale, ogni squadra possa firmare ed ottenere tramite scambio giocatori al cosiddetto minimo salariale consentito. Questi giocatori possono essere i ragazzi scelti al *draft*, il cui contratto minimo è stabilito ogni anno in base al numero della scelta che rappresentano, oppure *free agent* il cui salario minimo varia in base al *salary cap* e agli anni di esperienza del giocatore nella lega (nel 2022 il minimo salariale varia tra 1,1 e 3,1 milioni di dollari[33]).

– *Bird Rights*[34]: questi diritti maturano sulla base degli anni di presenza di un giocatore nella squadra (uno, due, tre o più) e possono essere utilizzati per rinnovare i propri atleti sforando il *salary cap*. Questi diritti permettono di rinnovare anche a cifre molto alte, il cui massimo è stabilito dal tipo di diritto maturato e per questo sono molto utilizzati; usufruire di questi diritti però non è gratis, poiché genera i complicati e macchinosi *cap hold*, porzioni di "salario morto" che, seppur non materialmente speso, risulterà nel conteggio totale del monte salari.

---

[33] Il valore del contratto minimo varia in basa all'esperienza del giocatore nella lega.
[34] Questi diritti prendono il nome da Larry Bird. I suoi Celtics furono infatti la prima franchigia alla quale venne concesso di poter rinnovare il contratto del giocatore sforando il *salary cap*.

I diritti Bird si distinguono in:

- *Full Bird*: dopo 3 anni di permanenza, scatta la possibilità di offrire un contratto fino al massimo salariale per una durata di 5 anni. Il peso del *cap hold* è del 150% dello stipendio o del 250% se è un rinnovo del contratto da *rookie*.

- *Early Bird*: usufruibile dopo due anni di permanenza, con la possibilità di offrire il valore più alto tra il 175% dell'ultimo salario e il 104,5% del salario medio dell'ultimo contratto con una durata massima di cinque anni. Il peso del *cap hold* è del 130% del salario.

- *Non Bird*: applicabile dopo un anno di permanenza, con la possibilità di offrire un aumento del 20% sull'ultimo salario per un solo anno. Il peso del *cap hold* è del 120% dello stipendio.

Le franchigie, peraltro, anche se si mantengono sempre entro il limite imposto dal tetto salariale, devono rispettare numerose condizioni nella stesura di un contratto verso un giocatore. Innanzitutto non possono essere ingaggiati più di quindici giocatori e i contratti devono essere proposti solo quando un giocatore non ha nessun contratto attivo, oppure in caso di rinnovo le trattative possono essere condotte prima della scadenza, ma il nuovo contratto sarà attivo solo dopo la fine di quello vecchio; i contratti poi non possono superare i cinque anni di durata per un rinnovo e quattro anni per un giocatore firmato in *free agency*.

In contrapposizione al limite del minimo salariale, vi è anche un massimo salariale che può essere offerto, ovvero pari ad una percentuale del *salary cap*:

- 25% per giocatori nella lega da sei anni o meno.
- 30% per giocatori nella lega da sette a nove anni.
- 35% per giocatori nella lega da dieci o più anni (chiamato anche *super max* quando offerto per cinque anni in seguito ad un rinnovo).

La somma poi aumenterà progressivamente del 5% se si tratta di un contratto nuovo, oppure dell'8% in caso di rinnovo, di anno in anno; tre clausole, poi, permettono anche a giocatori con poca esperienza di poter ottenere uno stipendio di fascia più alta, solamente in caso di rinnovo:

- *Derrick Rose rule*[35]: permette ad un giocatore di ricevere il 30% del *salary cap* prima dei sette anni

---

[35] Il contratto prende il nome di Derrick Rose, giocatore più giovane ad aver vinto il premio MVP nel 2011. Lo vinse al suo terzo anno nella

di esperienza se almeno una di queste tre condizioni è stata soddisfatta:

- Il giocatore è stato eletto MVP[36] della lega almeno in uno dei tre anni precedenti alla scadenza del contratto.

- Il giocatore ha vinto il premio DPOY[37] nella stagione precedente, o in entrambe le due stagioni che precedono l'ultima giocata.

- Il giocatore nella stagione precedente è stato inserito in uno dei quintetti All-NBA[38].

- *Designated rookie extension*: clausola che può essere inserita nella proposta di massimo salariale ad un giocatore con ancora un anno di contratto da rispettare del suo *rookie scale contract* (contratto spiegato nel paragrafo successivo). Se in quell'anno rispetta una delle condizioni della *Derrick Rose rule* il suo contratto previsto del 25% viene convertito in uno al 30%.

---

lega.

[36] Il premio MVP, *most valuable player*, viene consegnato al migliore giocatore della *regular season*.

[37] Il premio DPOY, *defensive player of the year,* viene consegnato al giocatore che più ha spiccato difensivamente nella *regular season*.

[38] Ogni anno la NBA, come riconoscimento individuale, seleziona tre quintetti All-NBA, nei quali vengono inseriti i migliori quindici giocatori dell'anno.

- *Designated veteran player exception*: permette ad un giocatore veterano (ovvero che ha giocato esclusivamente per la stessa squadra) di ottenere il contratto al 35% del tetto salariale prima del previsto. Ci sono due condizioni da rispettare: la prima è che il rinnovo deve essere offerto un anno o due prima della scadenza del contratto attivo e che il giocatore nell'anno successivo alla proposta entri nell'ottavo o nono anno di esperienza nella lega.

L'aumento progressivo di anno in anno dei contratti pluriennali è una peculiarità di quasi tutti i contratti NBA, essendo obbligatoria non solo nel massimo salariale, ma anche, in percentuali stabilite, per tutte le eccezioni, contratti minimi e diritti Bird. Questa scelta però viene utilizzata anche per quasi tutti i contratti, anche se non obbligatoria; per questo difficilmente si trovano contratti su più anni a valore annuale costante, poiché così facendo si riesce a mantenere od aumentare il valore del proprio giocatore nel tempo, cosa che tornerà utile in caso di *trade* per ottenere più giocatori e scelte oppure per usufruire di una *trade exception* maggiore; in più, optare per l'aumento graduale è utile, se non obbligatorio, per l'inserimento di un'opzione nel contratto.

I contratti difatti, oltre a stabilire il salario del giocatore, possono avere delle opzioni esercitabili dal giocatore o dalla squadra, che rimangono attive anche in caso di *trade*. Di seguito verranno elencate tutte le opzioni:

- *Player option*: applicabile all'ultimo anno del contratto, permette al giocatore di scegliere se continuare a giocare con la squadra oppure rifiutarla per accettare un contratto altrui.

- *Team option*: analoga alla *player option*, ma in questo caso è la squadra a decidere la permanenza del suo giocatore; nel caso specifico del contratto *rookie*, possono essere previsti anche due anni di *team option*.

- *Early termination option* (ETO): applicabile solo a contratti di cinque anni, si riferisce all'ultimo anno di contratto. Con questa opzione il giocatore può decidere se continuare la propria carriera con la squadra di appartenenza oppure cercarne un'altra. Si differenzia dalla *player option* poiché le somme della *player* (e *team*) *option* seguono l'aumento proporzionale del contratto dovendo essere obbligatoriamente maggiori dell'ultimo stipendio; la ETO invece può essere costituita da qualsiasi entità e in più vincola il giocatore: nell'anno in cui diventa esigibile l'opzione, il giocatore può rifiutarla per rinnovare con la squadra o per cambiare maglia, oppure può accettarla, ma una volta fatto l'anno successivo non potrà più estendere il contratto con la stessa squadra.

Un'operazione molto usata negli scambi NBA è la *sign&trade*, nella quale un giocatore, che diventerebbe *free agent*, firma un contratto con la vecchia squadra e subito dopo viene scambiato con lo scopo di pareggiare i conti dei salari di una *trade*.

Esiste anche una clausola poco diffusa nei contratti NBA, ovvero la *no-trade clause* che vieta alla squadra di scambiare un giocatore senza il suo consenso. Affinché venga inserita, il giocatore deve avere almeno otto anni di esperienza nella lega; difficilmente viene concessa, tuttavia, in quanto molto limitante per il mercato della franchigia: non a caso, nella storia è stata concessa a solo cinque giocatori e solo una volta è stata esercitata.

I contratti in NBA non sono tutti garantiti ed alcuni, in base alle decisioni prese durante le trattative, possono avere interi anni o parte di essi non garantiti; il contratto verrà pagato in base al numero di partite in cui il giocatore è stato a effettivamente a disposizione durante l'anno.

Esistono poi dei contratti o regole speciali volti ad aiutare le franchigie:

- *Over-38 rule*: se un contratto di almeno quattro anni scade quando il giocatore ha compiuto almeno i trentotto anni, lo stipendio degli anni eccedenti questa età verrà spalmato sugli anni precedenti con conseguente peso sul *salary cap*. Questa opportunità è concessa in quanto quasi tutti i giocatori di quell'età si ritirano, così facendo invece se il giocatore dovesse continuare a giocare, non peserà più sul tetto salariale. Se invece un giocatore firma un contratto direttamente dopo i trentotto anni compiuti, seguirà le normali regole dei contratti.

- *Two-way contract*: offre la possibilità di assumere due giocatori in più oltre ai quindici totali. I giocatori ai quali viene proposto questo contratto devono obbligatoriamente giocare in G-league nella squadra affiliata a quella NBA[39]. Con questo tipo di contratto i giocatori possono essere inseriti nella rosa della "prima squadra" per un massimo di quarantacinque giorni; se vengono usufruiti tutti

---

[39] La G-league è la lega di "sviluppo" dei giocatori giovani della NBA. A questa competizione partecipano trenta squadre, ognuna delle quali è affiliata ad una franchigia NBA.

scatta l'obbligo di convertire il contratto in uno garantito per tutta la stagione in corso. Il contratto *two-way* è una delle condizioni per un giocatore per diventare *restricted free agent*.

- *10 days contract*: permette alle squadre di provare sul campo un giocatore, prima di offrirgli un contratto, garantito per un massimo di dieci giorni, al termine dei quali si può rinnovare per ulteriori dieci. Al termine dei venti giorni la squadra dovrà decidere se offrire il contratto garantito o meno per il resto della stagione.

I contratti possono essere considerati come la garanzia data ai giocatori da parte della lega, in quanto una volta garantiti non possono essere revocati in alcun modo, anche in caso di scambio. Le squadre però possono risultare vincolate ai propri contratti, soprattutto nel caso in cui le prestazioni sportive del giocatore non risultino a livello dell'accordo pattuito, ritrovandosi obbligate sia a pagare le somme dovute sia a limitare il proprio mercato. Per questo esistono delle possibili opzioni alla risoluzione del contratto e permettere alle squadre di agire sul mercato:

- Le franchigie possono "tagliare" i giocatori. In questo caso la squadra che non ha interesse a trattenere il suo atleta sarà obbligata a pagare il suo contratto e far pesare la parte garantita sul *salary cap* ma, attraverso la *stretch provision*, questa somma sarà spalmata sul doppio degli anni previsti dal contratto più uno.

I giocatori tagliati non diventano subito *free agent* ma nelle successive quarantotto ore possono essere ingaggiati da franchigie al di sotto del tetto salariale con una *trade exception* o *disable player exception* che copra l'intero salario del giocatore; se si tratta di un giocatore al minimo salariale, invece, chiunque potrà ingaggiarlo. Passati due giorni, il giocatore sarà ufficialmente *unrestricted free agent* e potrà firmare un nuovo contratto con una nuova squadra.

– Quando è il giocatore a voler terminare la sua esperienza in una franchigia (e una possibile *trade* risulta irrealizzabile) può accordarsi con essa per terminare consensualmente il rapporto, attraverso il cosiddetto *buyout*. Solitamente al giocatore verrà pagata una somma inferiore rispetto a quella scritta sul contratto; le franchigie però, pur risparmiando, dovranno mantenere l'intera somma prevista sul *salary cap*, per questo la buonuscita solitamente viene concessa all'ultimo anno del contratto o a quello precedente la *player option*: così facendo infatti le franchigie hanno la certezza di liberare lo spazio salariale negli anni successivi, mentre il giocatore diventerà *unrestricted free agent*[40][41].

[40] Luca Falconi, *Guida al salary cap NBA*, 23 Agosto 2021, https://www.overtimebasket.com/2021/08/23/guida-al-salary-cap-nba/
[41] Larry Coon, *Collective Bargaining Agreement,* 2021, http://www.cbafaq.com/salarycap.htm#Q21

2.4 Il *draft* NBA

Il *draft* NBA è l'evento durante il quale le franchigie possono scegliere le giovani promesse che, rendendosi eleggibili, entreranno nella lega. Per rendersi eleggibile un giocatore deve avere tra i diciotto e i ventidue anni, aver conseguito il diploma di scuola superiore ed aver completato un anno di gioco in un college statunitense od in un altro campionato professionistico, a differenza di quanto accadeva prima del 2006, quando potevano essere scelti anche i ragazzi appena diplomati nelle *high school* o scuole superiori (evento ricorrente in anni passati).

Instaurato fin da subito nel 1947, questo sistema negli anni ha subito tanti cambiamenti; difatti, un tempo il *draft* consisteva nella selezione di tutti i giocatori che si rendevano eleggibili, molti dei quali poi neanche iniziavano ad allenarsi con la squadra; il record di round totali fu nel 1960 e 1968 con ventuno scelte per squadra, quindi un totale di ventuno round. Il numero di "giri" massimi diminuì nel tempo fino al definitivo numero di due nel 1989, che ancora oggi dà la possibilità ad ogni squadra di due scelte annuali. Fino al 1965 vi era anche una particolare regola che permetteva alle franchigie di rinunciare alla propria scelta del primo round per aggiudicarsi un giocatore proveniente dalla propria area geografica, ovvero entro cinquanta miglia dalla propria sede.

Il *draft* rappresenta l'elemento principale attraverso il quale una squadra oggi nei bassifondi della lega potrà sperare di competere un giorno per la vittoria; l'ordine di scelta infatti viene basato principalmente invertendo la classifica finale della stagione appena conclusasi: così facendo, teoricamente, la squadra peggiore dell'anno sarà la prima a scegliere. Fino al 1985 l'ordine veniva deciso unicamente in base alla classifica finale, da quella data in poi invece fu istituita la *lottery*, ancora in vigore, che caratterizza il *draft* odierno aumentando l'incertezza dell'ordine delle scelte. Con la lotteria infatti tutte le squadre non partecipanti ai playoff (oggi le peggiori quattordici ogni anno) hanno la possibilità di aggiudicarsi la prima scelta, ognuna con una percentuale diversa, ovviamente a scalare, che negli ultimi anni è del 14% per le peggiori tre fino allo 0,5% per la quattordicesima. Queste percentuali sono in atto solamente dal 2019; prima la quattordicesima aveva la medesima percentuale ma aumentava fino al 25% per la peggiore in assoluto; così però il fenomeno del *tanking*, ovvero cercare di perdere il più possibile per avere una scelta alta al *draft* successivo, era non solo relativamente frequente, ma poteva persino costituire l'opzione migliore per molte squadre. Oggi invece, avendo possibilità molto simili con un'incertezza maggiore, questo fenomeno negativo è stato nettamente diminuito[42].

Il *draft* non rappresenta una 'scienza esatta', anzi, molte volte nella storia è capitato che le prime scelte non rispettassero le attese per infortuni o per mancanza di vero talento e/o adeguata determinazione, e solo due volte nella storia a fine anno nel quintetto delle matricole sono state inserite le prime cinque scelte del *draft* precedente (1985 e 2019). Diventa importante quindi il ruolo dello *scout*[43], che durante l'anno dovrà scovare i talenti del futuro sfruttando eventualmente anche scelte molto basse; i giocatori scelti al *draft* in più sono molto utili alla franchigia, poiché a livello contrattuale risultano estremamente vantaggiosi per la squadra per i seguenti motivi:

- Come già spiegato, in qualunque situazione salariale si possono ingaggiare *rookie* al loro minimo salariale, deciso dalla lega stessa, che varia

---

[42] Leandro Nesi, *NBA4DUMMIES,* Tricase, Youcanprint, 2019, pp. 15-18 (ebook).
[43] Osservatore sportivo.

a seconda che si tratti di una scelta al primo turno o al secondo o di un giocatore non scelto al *draft*.

- I giocatori scelti al primo round hanno un contratto stabilito, il cui valore cambia in base al numero della scelta che rappresentano; questo contratto consiste in due anni garantiti con altri due anni di opzione squadra; al termine dei quattro anni il giocatore avrà due possibilità: potrà accettare una *qualifying offer* (il cui valore è rappresentato da un aumento in percentuale rispetto all'ultimo salario) e analogamente alla ETO non potrà più rinnovare oppure potrà rifiutarla per estendere il proprio contratto o cercare una nuova squadra; il contratto per i giocatori scelti al primo round è chiamato *rookie scale contract*. Il giocatore che rifiuta l'offerta qualificante sarà comunque *restricted free agent*, quindi la vecchia squadra, se lo ritenesse opportuno, potrà pareggiare l'offerta più alta ricevuta dall'atleta.

- I giocatori scelti al secondo turno oppure *undrafted*[44] non hanno un contratto stabilito e quindi la franchigia potrà offrire un normale contratto od utilizzare tutte le eccezioni che ha a disposizione

---

[44] Viene definito *undrafted* un giocatore non selezionato al *draft*.

per ingaggiarli; solitamente viene utilizzata la formula del minimo salariale per giocatori senza esperienza (nel 2023 circa 1,1 milioni di dollari). Inoltre questi giocatori, se rimangono nella stessa squadra da quando entrano nella lega per tre anni, saranno sempre *restricted free agent*: un ulteriore vantaggio per la franchigia. Esiste anche una regola in più per questi giocatori, riguardante l'offerta che può essere loro proposta dopo il primo contratto nella lega, la *Gilbert Arenas Rule*[45] che definisce la ripartizione del nuovo contratto in maniera particolare: i primi due anni non devono superare la somma della notax-MLE e solo dal terzo può essere offerto fino al 25% del *salary cap* (il massimo per giocatori con meno di sei anni di esperienza). L'impiego di questa regola però renderà la franchigia *hard capped*. Questa regola è stata inserita per fare in modo che una squadra, la quale abbia scelto saggiamente un buon giocatore sia al primo round del draft sia al secondo, abbia la possibilità di pareggiare entrambe le offerte,

---

[45] Questa regola prende il nome da Gilbert Arenas, giocatore di gran talento che però fu scelto al secondo giro. Nel suo caso la squadra che lo aveva scelto, i Warriors, non riuscirono a pareggiare anche la sua offerta dovendolo rinunciare alle sue prestazioni sportive.

sfruttando la condizione di *restricted free agent* dei due giocatori; con la strana ripartizione nel contratto dei giocatori scelti al secondo turno, essendo i primi due anni dell'accordo di valore coincidente con l'eccezione MLE, viene resa possibile quasi sempre l'estensione contrattuale dei due giocatori.

- *Poison pill provision*: questa regola non avvantaggia la squadra che ha potuto scegliere il giocatore ma svantaggia un'altra squadra, alterando il normale andamento dei salari. Con questa regola in caso di *sign&trade* di un atleta alla fine del contratto da *rookie*, la squadra che riceve il giocatore non lo acquisirà con il contratto appena firmato, ma dovrà spalmare l'intero contratto alla sua media annuale per la durata prevista (ad esempio venti milioni totali in quattro anni, saranno spalmati in cinque ogni anno). Non seguendo le normali logiche dei contratti nelle quali il primo anno è costituito da un valore basso che andrà ad aumentare negli anni, la franchigia si ritroverà vincolata con un peso maggiore sul tetto salariale prima e meno valore in seguito.

Detenere una scelta al *draft*, specialmente se alta, diventa un obiettivo primario non solo per acquisire direttamente un determinato giocatore, ma anche, più in generale, per il mercato della franchigia; difatti le scelte, chiamate *pick*, potendo essere inserite nelle *trade* come contropartita di giocatori, assumono un grandissimo valore di mercato. Anche negli scambi di *pick* possono esistere delle opzioni; difatti le *pick* possono essere protette, ovvero possono avere una condizione che vieti il loro scambio: ad esempio, se una squadra scambia la propria scelta del primo giro del 2025 protetta *top 5*, se in quell'anno la scelta della franchigia sarà dalla sesta alla trentesima verrà effettivamente scambiata, altrimenti resta alla franchigia originale.

Anche per gli scambi delle scelte la NBA definisce delle regole, per la precisione due:

- *Seven year rule*: questa regola non permette di scambiare scelte relative a *draft* futuri per un arco di tempo oltre i sette anni (sia al primo giro sia al secondo).
- *Ted Stepien rule*[46]: questa regola prevede che le squadre non possano inserire in uno scambio due

scelte al primo giro di due anni consecutivi. In più vi è l'obbligo di avere almeno ogni due anni una scelta al primo giro, che non necessariamente deve essere la propria ma anche di un'altra squadra ottenuta via trade.[4748]

[46] Regola che prende il nome di Ted Stepien, proprietario dei Cleveland Cavaliers negli anni '80, che sprecò scelte al *draft* per molti anni in seguito a scambi fallimentari. Da molti è considerato il peggior proprietario della storia NBA.

[47] Luca Falconi, *Guida al salary cap NBA*, 23 Agosto 2021, https://www.overtimebasket.com/2021/08/23/guida-al-salary-cap-nba/

[48] Larry Coon's, *Collectics Bargaining Agreement,* 2021, http://www.cbafaq.com/salarycap.htm#Q21

2.5 I fattori che possono minare l'equilibrio competitivo: *big market*, dinastie e *superteam*

Abbiamo visto come il complesso sistema di regole della NBA agisca per rendere la competizione sempre più aperta e spettacolare; tornando ai dati già esposti in precedenza, con sette diverse franchigie vincitrici in dieci anni possiamo affermare che il sistema, in linea di massima, funzioni. I dati però, come sempre, vanno interpretati e contestualizzati, e leggendoli attentamente ci si accorge che, sempre nell'ultimo decennio, delle potenziali venti finaliste diverse, in realtà sono solo dieci quelle differenti, con quattro anni consecutivi monopolizzati dalla stessa finale Golden State Warriors – Cleveland Cavaliers; i Warriors poi hanno raggiunto la finale anche una quinta volta successiva l'anno seguente e una sesta due anni dopo. Analizzando anche gli anni antecedenti, si nota inoltre come la presenza ripetuta di alcune squadre nelle finali, in anni consecutivi, non sia un avvenimento particolarmente raro fin dalla nascita della lega. Un discorso analogo si può fare in relazione alle vittorie: come detto, delle ventuno franchigie che sono riuscite a vincere il titolo NBA nella storia, dieci hanno vinto una sola volta, otto hanno vinto tra le due e le sei volte, gli Warriors sette volte, mentre Lakers e Celtics sono appaiate a quota diciassette titoli.

Risulta evidente che, benché il risultato finale molte volte sia effettivamente incerto, vi possono essere dei casi nei quali non si presenta l'equilibrio cercato. I fattori che possono minare tale equilibrio sono molteplici e verranno illustrati qui sotto.

L'area geografica di appartenenza della franchigia è uno di essi: destinazioni come California, Florida o la città di New York vengono solitamente preferite di per sé a stati e città meno accoglienti (come ad esempio Denver[49] o New Orleans). Le città in grado di attrarre maggiormente giocatori e pubblico grazie alla loro localizzazione vengono chiamate *big market.* Al contrario, le città considerate *small market* si ritroveranno non di rado a dover strapagare giocatori (che sovente, seppur talentuosi, non sono i migliori della lega), per riuscire a trattenerli, senza peraltro avere grandi chance di lottare per la vittoria.

Le franchigie nelle città più grandi e ambite inoltre riescono a ricavare moltissimi profitti *extra* che permettono alla squadra di sforare costantemente il *salary cap* ed

---

[49] I Denver Nuggets grazie ad una impeccabile gestione delle loro risorse sono oggi la squadra favorita per il titolo, avendo vinto anche l'ultimo titolo NBA del 2023 battendo la concorrenza dei *big market.*

essere ogni anno sopra la soglia della *luxury tax*; questa situazione permette a loro di offrire contratti più corposi rispetto alla concorrenza.

I Lakers sono la rappresentazione perfetta della concezione di *big market* all'interno della NBA: i diciassette titoli infatti sono stati ottenuti in maniera relativamente omogenea nel tempo, sfruttando l'attrazione emanata dalla città di Los Angeles per ingaggiare i migliori giocatori del momento. Ovviamente la componente geografica non basta, ma occorre una buona gestione manageriale per riuscire a competere ogni anno; ad esempio, i New York Knicks sono famosi per la loro cattiva gestione in quanto sono la franchigia che produce più profitto ogni anno ma senza riuscire a costruire una squadra vincente; hanno vinto due titoli negli anni '70, ma dal 1999 non solo non hanno presenze in finale ma non hanno praticamente mai costruito una squadra che sia considerabile come *contender*, il che sul piano manageriale, visto il loro vantaggio di 'posizione', è una situazione ritenuta inaccettabile.

Questo però non esclude totalmente le piccole realtà dalla possibilità concreta di vittoria, poiché anch'esse grazie a una gestione impeccabile possono ritrovarsi ad essere *contender* per qualche anno. Per queste franchigie l'inizio di questo processo è costituito dal *draft*; difatti, avendo le scelte più alte, anche per qualche anno consecutivo, possono ingaggiare i potenziali talenti del futuro che, a loro volta, attireranno altre stelle della lega.

Proprio per questo motivo leggendo l'albo d'oro si notano franchigie che sono riuscite a vincere più edizioni, ma in un lasso di tempo relativamente ridotto: in seguito ad un *draft* svolto egregiamente dalla squadra e al diritto di prelazione sui giocatori scelti, è possibile che esse riescano a lottare per il titolo per parecchi anni. In tal modo possono nascere le cosiddette dinastie, ovvero squadre che per un significativo lasso di tempo, con lo stesso organico sportivo, vincono o comunque lottano ripetutamente per il titolo. La prima e ancor oggi più iconica di tali squadre sono stati i mitici Boston Celtics capitanati da Bill Russell; i Celtics, dopo qualche stagione non impeccabile, riuscirono ad ottenere la prima scelta al draft che tramutarono proprio in Russell, il quale successivamente fece le glorie della franchigia, aiutato dalla società abilmente guidata da Red Auerbach, che riuscì a costruire una squadra praticamente imbattibile. La pur titolatissima Boston non è in sé una meta particolarmente ambita dai giocatori (nonostante la sua storia), anzi la sua fortuna è stata costruita essenzialmente proprio grazie a due sole dinastie, prima con Russell che vinse undici volte a cavallo tra gli anni '50 e '60, poi negli anni '80 con Larry Bird che ne vinse altri tre, dovendo lottare però contro un'altra dinastia, quella dei Lakers di Magic Johnson che negli stessi anni ne vinse cinque, creando per un intero decennio quello che viene considerato il miglior duello nella storia cestistica.

I Chicago Bulls di Michael Jordan degli anni '90, che vinsero sei titoli in otto anni (nei due anni in cui furono sconfitti lo stesso Jordan prese una pausa dal basket), i Lakers dei primi anni 2000 e i recenti Golden State Warriors, i quali detengono i record di vittorie totali sia nella stagione regolare sia nei playoff, sono altri esempi di dinastie create, modellate e gestite alla perfezione, che al loro apice erano considerate imbattibili.

Esiste poi un caso particolare ed unico di dinastia NBA: i San Antonio Spurs, che per ben venti anni non solo hanno sempre partecipato ai playoff, ma sono rimasti sempre una *contender*. Questo grazie soprattutto al reparto *scout* della franchigia, considerato il migliore della lega, che riuscì a scovare i talenti più congeniali al gioco delle proprie stelle, nonostante le basse scelte al *draft* che si ritrovarono a disposizione viste le numerose vittorie o, comunque, i piazzamenti nelle prime posizioni. Va inoltre sottolineata la gestione sportiva degli atleti, che ha consentito di prevenire infortuni gravi[50]. In questi venti anni gli Spurs, allenati sempre dal leggendario Gregg Popovich (l'allenatore con più vittorie nella storia NBA), hanno vinto cinque titoli, pur dovendo lottare negli anni contro le succitate dinastie di Bulls, Lakers e Warriors.

Per provare a sconfiggere queste dinastie, le franchigie a volte lasciano ai giocatori migliori le decisioni per la creazione di un team, nel quale essi decidono di giocare assieme per la vittoria. La franchigia dovrà quindi occuparsi in primo luogo di creare abbastanza spazio salariale per i contratti e di promuovere *trade* indispensabili per la creazione di questi cosiddetti *superteam*, essendo squadre composte anche da tre o quattro stelle. Lebron James[51] ne è la prova lampante: prima con i Miami Heat, poi con il suo ritorno ai Cleveland Cavaliers (squadra che lo aveva acquisito come prima scelta assoluta del *draft*) durante la *free agency* ha attratto altre stelle per la creazione delle sue squadre; questo ha

---

[50] Kelly Scaletta, *Ranking the Most Dominant Dynasties in NBA History*, 2014: https://bleacherreport.com/articles/2104052-ranking-the-most-dominant-dynasties-in-nba-history
[51] Giocatore con più punti della storia NBA, attualmente ancora in attivà.

portato ad un risultato notevole: il giocatore ha raggiunto otto finali consecutive di cui tre vinte, fermato anche dalle succitate dinastie Warriors e Spurs. Lo stesso James è riuscito in questa operazione anche con il suo recente trasferimento ai Lakers, che ancora una volta hanno ricevuto l'ennesima firma ambita, anche se con qualche problema: durante il primo anno della sua permanenza gli scambi e le firme premeditate sono risultate impossibili e, complice anche il suo infortunio, hanno fatto sì che la franchigia non riuscisse neppure a qualificarsi ai playoff; l'anno successivo, tuttavia, a Los Angeles sono tornati a festeggiare vincendo subito il titolo[52][53]: un esempio significativo dell'incertezza competitiva che comunque non di rado può effettivamente regnare in NBA.

La creazione di un cosiddetto *superteam* però non è sempre sinonimo di una gestione magistrale che porterà all'obiettivo sperato, ma in caso di fallimento del progetto porterà la franchigia a sprofondare per molti anni. Nella storia NBA non sono per niente rari i tentativi di costruire

---

[52] Andre Snelling, *NBA superteam ranking: who has the most star power?*, 2018: https://www.espn.com.au/nba/story/_/id/24380606/nba-superteam-rankings-warriors-rockets-celtics-teams-most-star-power
[53] Andrew Lynch, *The history of NBA superteams, from Wilt Chamberlain to the 2017 Warriors*, 2017: https://www.foxsports.com/nba/gallery/nba-superteams-history-lebron-james-heat-cavaliers-warriors-061617

una super squadra, molti dei quali però hanno dato come risultato una franchigia senza stelle e soprattutto senza scelte future, scambiate proprio per ottenere quei giocatori. Ovviamente, in questi casi – oltre alla scarsa *performance* sul piano tecnico dovuta a una mancanza di alchimia nel gioco di squadra o a un insufficiente spirito di gruppo – può entrare in gioco anche la sfortuna, ad esempio allorché un grave infortunio di una delle stelle mette gravemente a repentaglio il progetto iniziale.

Fortunatamente, a vincere non sono solo dinastie e *superteam*; difatti nella storia NBA vi sono state anche piccole realtà cestistiche, costruite perfettamente sul piano tecnico, che – oltre ad essere delle credibili *contender* – talvolta sono riuscite a vincere la competizione. Purtroppo questo fenomeno è abbastanza raro, poiché queste squadre, nella maggior parte dei casi, riescono ad essere veramente competitive per pochissimo tempo (uno o due anni); inoltre, dovendosi solitamente confrontare con la dinastia o il *superteam* di turno, molte volte non riescono neppure a vincere, al massimo sfiorando il successo. In effetti, le squadre di questo genere che sono riuscite nel loro intento, battendo i grandi favoriti, sono ben poche nella storia NBA: negli ultimi venti anni, ad esempio, ce l'hanno fatta solamente i Detroit Pistons nel 2004, i Dallas Mavericks nel 2011 e i Toronto Raptors nel 2019[54]; degni di nota sono anche i già succitati Denver Nuggets che non solo hanno vinto il recente titolo del 2023 ma sono tutt'oggi considerati i favoriti al titolo finali, pur restando uno *small market*.

[54] Nathaniel Friedman, *What Should the NBA Do When Nobody Can Touch the Superteams?*, 2017: https://www.gq.com/story/nba-superteams-2017

CAPITOLO EXTRA

L'impatto sociale della NBA

Il prossimo paragrafo non risulta essenziale per la guida ma integra la storia e il regolamento sportivo con alcune informazion riguardante l'aspetto sociale di questa lega, specialmente negli anni successivi alla sua nascita, che ha contribuito a plasmare la narrazione sportiva Statunitense.

X.1 Integrazione razziale, *entertainment* e cultura sportiva

Gli Stati Uniti, forse anche perché privi di un background storico-culturale di lunghissimo periodo paragonabile a quello europeo o asiatico, nel corso del tempo hanno progressivamente accentuato i tratti epici insiti nel cinema e nello sport, dando fra l'altro corpo a una narrazione capace di far identificare gli spettatori negli sportivi o nei personaggi protagonisti; nella sfera sportiva, in particolare, ha progressivamente preso piede l'idea di una sfida ad armi pari volta a raggiungere lo stesso obiettivo, con la morale "non si vince perché più furbi, ma si vince perché hai giocato meglio, quindi sei più forte". Tra tutti gli sport il più cinematografico è il pugilato[55], con una ricca e assai variegata gamma di film – talora anche di alta o altissima qualità: si pensi a *Lassù qualcuno mi ama* o a *Toro scatenato* –, alcuni dei quali in grado di riscuotere grandissimo successo presso il pubblico (non solo americano, peraltro): non è un caso che la saga di Rocky interpretata da Sylvester Stallone sia diventata un cult; la prima delle pellicole della serie, narra le gesta di Rocky Balboa, pugile italo-americano che – partendo dalla povera periferia di Philadelphia come dilettante – riesce ad arrivare ad un soffio dal titolo mondiale, conquistando la folla degli appassionati, che inizia così a vederlo come un eroe nazionale.

È proprio la concezione dello sport come possibile salvezza da una realtà disastrosa e la visione eroica degli sportivi professionisti che – insieme naturalmente con altri fattori – sta alla base della cultura sportiva del paese, facendo dello sport un elemento centrale nella società statunitense e utilizzandolo sia come forma di *entertainment*, sia soprattutto come strumento di sensibilizzazione e gestione di questioni socialmente rilevanti, a cominciare dalla questione razziale, in relazione alla quale anche attraverso

---

[55] Tratto da Federico Buffa, *Storie di sport… …storie di vita*, spettacolo teatrale recitato al teatro parrocchiale di Roveleto di Cadeo il 4 Maggio 2017.

la trasformazione delle leghe professionistiche sono state abbattute o attenuate le differenze di trattamento tra bianchi e non bianchi, in una nazione dove erano non solo all'ordine del giorno, ma anche stabilite per legge: le cosiddette leggi Jim Crow, varate a partire dal 1877 sino al 1965, sancivano infatti le regole di separazione tra le diverse etnie, emarginando i non bianchi dalla società, contribuendo in modo decisivo alla segregazione razziale[56]. In ambito sportivo queste leggi stabilivano che dovessero esistere leghe diverse per bianchi e afroamericani o generalmente non bianchi; una situazione che purtroppo si protrasse fino al 1947, quando il giocatore di baseball Jackie Robinson iniziò a giocare con la franchigia 'bianca' dei Brooklyn Dodgers (oggi a Los Angeles) abbattendo la legge sulla differenza di leghe. La storia di Robinson non fu certo semplice: prima di giocare nella Major League Baseball, dopo il college fu costretto ad accettare il contratto dei Kansas City Monarchs, franchigia appartenente alla lega per afroamericani del baseball, definita con disprezzo *Negro League*; questa lega però (seppur non priva di talento e pubblico, principalmente

---

[56] Erin Blakemor, *Jim Crow laws created 'slavery by another name'*, 5 Febbraio 2020:
https://www.nationalgeographic.com/history/article/jim-crow-laws-created-slavery-another-name

afroamericano) non godeva di una solida organizzazione e l'esito delle partite veniva sovente alterato dal *business* delle scommesse.

Come si diceva, la situazione cambiò quando i Brooklyn Dodgers decisero di offrire un contratto a Robinson; essi divennero così pionieri del cambiamento e Robinson un'icona del movimento afroamericano e, più in generale, dei non bianchi in ambito sportivo.

La scelta purtroppo non venne presa benissimo da tutti, specialmente fuori dal campo, dove non pochi tifosi e fan del baseball iniziarono ad insultarlo o lanciargli oggetti mentre era in battuta. Anche internamente alla squadra non fu molto diverso: alcuni compagni si rifiutavano di scendere in campo assieme a lui. A sostegno di Robinson, tuttavia, si schierarono sia la società sia altri suoi compagni; vale la pena di citare due frasi storiche: la prima, indirizzata dal manager della squadra, Leo Durocher, ai propri giocatori: "Non m'importa se uno è giallo o nero, oppure ha le strisce come una fottuta zebra. Sono il manager di questa squadra, e dico che lui gioca. In più dico che può arricchirci tutti. Se non sapete cosa farne dei soldi vedrò di scambiarvi"; la seconda – del compagno di squadra Pee Wee Reese – era invece rivolta al pubblico:

"Puoi odiare un uomo per tante ragioni. Il colore della pelle non è tra queste". Sebbene Robinson dimostrasse sul campo il suo valore, dovette affrontare diffusa ostilità sino alla fine della sua carriera, che divenne comunque emblematica, tanto da essere presa ad esempio anche da Martin Luther King. Venne anche realizzato un film su Jackie Robinson nel 1950, nel quale fu lui stesso a recitare come protagonista. Inizialmente però la realizzazione del film incontrò non pochi ostacoli proprio per la sua trama, ritenuta non degna in quanto riferita alla storia di un afroamericano. Jackie Robinson, ad ogni modo, giocò come professionista nel baseball per nove anni ed oggi è riconosciuto come membro della Hall of Fame[57].

Pochi mesi dopo, anche in NBA fece il suo ingresso il primo giocatore non bianco, Wat Misaka, nei New York Knicks. Figlio di immigrati giapponesi, venne riconosciuto come un giocatore con una spiccata dote difensiva fin dal college con il quale vinse il torneo NCAA[58], ma trovò poco spazio all'inizio della carriera professionistica per la sua esile costituzione (con il suo metro e settanta è tutt'oggi

---

[57] Beppe Carelli, *Jackie Robinson, l'uomo che ha cambiato il baseball*, 11 Aprile 2012: https://www.baseball.it/2012/04/11/jackie-robinson-luomo-che-ha-cambiato-il-baseball/
[58] Il torneo NCAA (National Collegiate Athletic Association) è il torneo collegiale di massimo livello del basket statunitense, al quale partecipano i college con le squadre più prestigiose del paese.

uno dei giocatori più bassi ad aver mai giocato in NBA). A differenza di Robinson, egli non fu discriminato da compagni o avversari; tuttavia, fuori dal campo non poteva accedere a ristoranti o hotel riservati alla squadra senza almeno un suo compagno bianco e per di più fu vittima di insulti razzisti da parte di molti tifosi, sia della sua squadra sia avversari; peraltro, più tardi lo stesso Misaka disse: "I tifosi buoni di New York erano anche meglio dei tifosi che avevo in Giappone". Purtroppo la sua breve apparizione nel basket professionistico non ebbe fortuna e venne licenziato dalla franchigia l'anno successivo[59].

La situazione mutò radicalmente nel corso degli anni sessanta, quando la NBA fu caratterizzata dal dualismo sportivo tra due leggende di questo sport, Bill Russell e Wilt Chamberlain: due centri, entrambi afroamericani e dotati di un talento sopraffino, che lottarono per il titolo per più di un decennio; Russell era tecnicamente il giocatore più forte della lega e – giocando sempre per i leggendari Boston Celtics, che sarebbero poi entrati nella hall of fame – riuscì a vincere undici titoli in tredici anni (impresa unica nella storia NBA), mentre Chamberlain – che faceva

---

[59] Richard Goldstein, *Wat Misaka, 95, First Nonwhite in Modern Pro Basketball, Dies*, 21 Novembre 2019, https://www.nytimes.com/2019/11/21/sports/basketball/wat-misaka-dead.html

dell'atletismo il suo punto di forza – si dovette accontentare di soli due titoli, di cui uno vinto solo dopo il ritiro del rivale.

Entrambi, a modo loro, contribuirono ad abbattere le differenze razziali; Bill Russell giocò nei Boston Celtics per tutta la carriera e riuscì a combattere per la parità di trattamento attraverso il gioco, per così dire, diventando leader indiscusso di una squadra di campioni ed un giocatore di pallacanestro formidabile come mai prima s'era visto, vincendo cinque volte il premio di MVP e diventando popolarissimo fra gli appassionati non solo di pallacanestro. Non a caso, oggi il riconoscimento per il miglior giocatore delle finali NBA prende il suo nome (Bill Russell NBA Finals Most Valuable Player Award).

Wilt Chamberlain, al contrario, non fu un grande professionista: la natura lo aveva dotato di un corpo atleticamente fantastico, decisamente sopra la media dell'epoca, che gli bastava per dominare le partite, inducendolo in alcuni momenti a trascurare gli allenamenti; il suo strapotere fisico spinse la lega ad effettuare dei cambi regolamentari, come ad esempio per il tiro libero: inizialmente nulla vietava di oltrepassare la linea di tiro durante la sua esecuzione e Wilt, sfruttando questa situazione, con una rincorsa minima riusciva direttamente a schiacciare; non era altresì raro vederlo segnare moltissimi punti in una singola partita: la prestazione più eclatante si ebbe quando ne mise a segno ben 100 contro i New York Knicks, primato leggendario che (insieme ad altri suoi record) è da molti ritenuto impossibile da battere (come ad esempio i 50,4 punti di media a partita o i 48,5 minuti di media a partita in una singola stagione[60]); su questa partita passata alla storia non si hanno molte testimonianze, se non la radiocronaca e l'iconica foto di Wilt con un foglio raffigurante la scritta "100": a scattare quella foto fu un fotografo che aveva accompagnato il figlio, per il suo compleanno, a vedere la partita e che, in modo estemporaneo, decise di immortalare l'evento, dato che l'unico fotografo ufficiale se n'era andato dopo i primi minuti del match. Il caso volle che quel fotografo fosse niente meno che Paul Vathis, vincitore nello stesso anno del premio Pulitzer per la fotografia, con l'iconica foto "Serious step" scattata a John F. Kennedy e Dwight D. Eisenhower.

---

[60] Nella classifica dei punti di media a stagione la seconda e la terza posizione, rispettivamente 44,8 e 38,4 punti, sono occupate sempre da Chamberlain. Il record dei minuti di media è ancor più incredibile considerando che le partite di basket in NBA durano quarantotto minuti: Wilt giocava dunque ogni minuto, supplementari compresi.

Chamberlain giocò per i Philadelphia Warriors (poi trasferiti a San Francisco negli ultimi due anni di Wilt nella franchigia), per i Philadelphia 76ers e per i Los Angeles Lakers. Come già detto, forse troppo confidando nel suo corpo atletico, egli non sempre si allenò con impegno e serietà. Ciononostante, il suo personaggio aiutò comunque il movimento per i diritti della comunità afroamericana, sensibilizzando molte persone sull'argomento. Grazie sia alla sua popolarità, sia alla sua impressionante prestanza fisica (Wilt era 216 cm di altezza 125 Kg di peso), egli entrava sovente nei locali che esponevano la scritta "solo per bianchi", pretendendo di essere servito. Inoltre, ancor più di Russell, riempiva i palazzetti di persone che si divertivano a vedere un giocatore capace di realizzare virtuosismi inediti nella lega.

Oggi, grazie anche a questa eredità, in NBA la percentuale di afroamericani è quasi del 75% del totale dei giocatori; questa predominanza è in buona parte legata alle loro innate doti fisiche e atletiche, che li aiutano a trovare sempre più spazio nel moderno basket NBA, basato sempre più sull'atletismo, rispetto ai ragazzi bianchi o di altre etnie (rispettivamente oggi il 17% e 8%). Quest'ultimi per compensare il divario atletico si sviluppano sovente sul piano tecnico; difatti spesso si dice scherzosamente *"white men can't jump"*[61]. È diventata iconica la frase pronunciata da Larry Bird, stella dei mitici Boston Celtics degli anni Ottanta e leggenda bianca della pallacanestro, che disse: "Questo è un gioco per uomini neri. Voglio dire, che i migliori atleti sono afroamericani".

La ricerca spasmodica di un gioco sempre più atletico e dinamico ha favorito il moltiplicarsi di partite nelle quali è lo spettacolo a farla da padrone: proprio lo *show* è ormai diventato essenziale per il successo della NBA, poiché logicamente più spettacolo si crea più persone possono appassionarsi alla lega. Questo ha favorito nello sport statunitense l'affermarsi di uno spettacolo variegato, paragonabile a un vero e proprio varietà, nel corso del quale la partita è accompagnata e integrata da balli, spettacoli, giochi che coinvolgono tifosi e iconiche mascotte, e via discorrendo: insomma, un vero proprio intrattenimento per tutti che costituisce un'alternativa ai tradizionali svaghi offerti da cinema o pub. Le partite in NBA presentano non a caso pause più lunghe rispetto al basket FIBA, sia tra i tempi (i cosiddetti quarti) sia nei timeout, proprio per favorire la creazione di piccoli

---

[61] Espressione nata dall'omonima commedia sportiva, nella quale il protagonista, bianco, era anche caratterizzato dal fatto di non saper schiacciare, virtuosismo che riteneva sostanzialmente inutile.

spettacoli a beneficio del pubblico presente nel palazzetto, mentre per chi trasmette la partita questi spazi risultano essenziali per l'inserimento di pubblicità rivolta al pubblico televisivo. Inoltre, come si accennava poc'anzi, anche la partita stessa tende di per sé ad essere particolarmente spettacolare in termini più strettamente sportivi, essendo appunto il basket americano fortemente improntato all'atletismo e ai virtuosismi tecnici piuttosto che ai cosiddetti 'fondamentali' classici della pallacanestro tradizionale.

L'introduzione del tiro da tre punti, oggi presente in tutte le competizioni di pallacanestro, nasce non a caso proprio negli USA, dapprima solamente come un esperimento in partite nei campionati dei college, poi venendo introdotta in ABA e successivamente anche in NBA dal 1979; solo nel 1984 il cosiddetto tiro da tre venne riconosciuto anche nel regolamento della pallacanestro mondiale. Questa novità suscitò molto interesse da parte degli appassionati, che si divertivano a vedere giocare gli atleti con questa nuova regola, specialmente in un'epoca dove gli specialisti al tiro erano davvero pochi; oggi il canestro da tre punti è diventato un elemento cruciale del basket moderno, nel quale molti giocatori si allenano per cercare di perfezionare un tiro efficace dalla distanza[62]: basti pensare che nel 2010 si segnavano in NBA circa dieci canestri da tre punti a partita, mentre nel 2020 si sono superati i quindici.

L'altra grande novità fu l'All-Star Game, idea mutuata dal baseball; ogni anno, a partire dal 1951, verso febbraio viene infatti disputata la cosiddetta partita delle stelle, la quale in origine consisteva nello scontro tra i migliori giocatori dell'anno, divisi in *East* e *West conference*[63], diventando così la partita più entusiasmante dell'anno. Col tempo, questo evento – di carattere ancor più marcatamente spettacolare rispetto alla stessa *regular season* – divenne progressivamente una sorta di biglietto da visita volto a favorire la diffusione del prodotto NBA nei mercati europei e asiatici, essendo stata l'unica partita della lega trasmessa in diretta nei due continenti fino ai primi anni 2000 quando le televisioni iniziarono a trasmettere gran parte degli eventi in diretta e in buona qualità. Negli USA l'All-star Game è considerato l'evento cestistico dell'anno, secondo solo alle finali, e per questo spesso viene giocato in stadi molto capienti, come ad esempio quelli di football

---

[62] Un canestro da tre punti è un canestro effettuato grazie a un tiro scoccato da dietro la linea chiamata appunto "dei tre punti". Nelle regole FIBA questa linea è distante dal canestro 6,75 metri, in NBA 7,25.
[63] Le franchigie in NBA sono suddivise fra *East* e *West conference* sulla base della loro sede geografica. La finale per la vittoria del titolo vede scontrarsi le vincitrici delle rispettive conference.

americano, arrivando ad un numero di spettatori decisamente alto rispetto alle normali partite: il record di spettatori per un All-Star Game è di 108.713 al Cowboy Stadium di Arlington (oggi AT&T Stadium), mentre il palazzetto con più posti in NBA può contare circa 21.000 posti. Oggi – sebbene il format della partita sia cambiato, poiché non vi è più una divisione dei giocatori sulla base delle conference, ma i due atleti più votati dai tifosi scelgono l'uno dopo l'altro i propri compagni – l'idea di base rimane la stessa e l'All-Star Game è diventato un vero e proprio weekend di festa nel quale il puro spettacolo per intrattenere i tifosi prevale in larga misura sulla competizione fine a se stessa, e la partita è condita da varie gare di contorno (tiro da tre punti, schiacciate, partita con le celebrità), nonché da spettacoli, concerti e celebrazioni create appositamente dalla NBA. Lo spirito dei tifosi durante questo evento non si discosta molto da quello tenuto nelle normali partite: durante quest'ultime difatti supportano la propria squadra, ma raramente tifano contro i giocatori o i tifosi avversari; cosa che peraltro accade anche tra gli stessi giocatori: nonostante siano, ovviamente, desiderosi di vittoria, screzi tra gli atleti durante e a partita finita sono rari, mentre tra i tifosi praticamente nulli, e non è infrequente vedere tifosi di squadre diverse gli uni vicini agli altri, liberi di esultare. Questo modo di vivere le partite discende dallo sport inglese delle origini, allorché ad esempio si giocava a calcio e rugby con una morale: "durante la partita non si risparmiano i colpi, ma alla fine ci si stringe la mano".

Nella società USA lo sport assume inoltre un ruolo fondamentale per la crescita personale dei cittadini: nelle scuole ai bambini e successivamente ai ragazzi vengono insegnati moltissimi sport; ai migliori viene sovente offerta una borsa di studio, abituandoli così alla competizione fin da subito, in linea con quello che li aspetterà in futuro nel prosieguo della loro vita da adulti.

Per alcuni giovani, poi, lo sport diventa un'opportunità da poter sfruttare sin da piccoli per uscire da situazioni socioeconomiche e familiari per nulla agevoli, costruendo per sé e per la propria famiglia un futuro più sereno e agiato.

Dal punto di vista delle autorità pubbliche, si favorirà in tal modo il successo sportivo del paese nelle competizioni internazionali, incentivando altresì il continuo investimento di risorse in strutture sportive, capaci di creare posti di lavoro. Dal canto loro, le scuole – offrendo le borse di studio per meriti sportivi – possono creare squadre competitive, in grado di accrescere il prestigio dell'istituzione educativa e anche di arricchirla sul piano economico.

RINGRAZIAMENTI

Questa sezione la voglio dedicare a tutti voi che avete dato fiducia a questo progetto, tramite la vostra voglia di conoscere ed apprendere la storia e il complesso funzionamento di questa lega.

GRAZIE

"Questo libro è dedicato alla prossima generazione di grandi atleti.
Possiate torvare la forza studiando il viaggio degli altri per creare il vostro.
Rendetelo meglio di questo"[64]
Kobe Bryant

---

[64] Kobe Bryent, *The mamba mentality – How I play*, 2018 (Tradotto)

BIBLIOGRAFIA E SITOGRAFIA

Dedico questo paragrafo a tutte le fonti, già citate nei paragrafi, utilizzate per integrare la guida che hanno ampliato la mia conoscenza anche dopo anni di studio e visione di questa magnifica lega.

Federico Buffa, *Storie di sport... ...storie di vita*, spettacolo teatrale andato in scena al teatro parrocchiale di Roveleto di Cadeo il 4 Maggio 2017.

Leandro Nesi, *NBA4DUMMIES,* Tricase, Youcanprint, 2019 (ebook).

Michael E. Porter, *Competitive Strategy*, New York, Simon & Schuster, 2004.

Vincenzo Roppo, *Diritto privato linee essenziali,* Torino, Giappichelli, 2017.

Simon Rottenberg, *The baseball players' labour market*, in "Journal of Political Economy", Vol. 64, No. 3, 1956.

Kobe Bryent, *The mamba mentality – How I play*, 2018

BarDown, TSN, *The Raptors were almost named the Dragons, which would have worked perfectly today,* 2017: https://www.bardown.com/the-raptors-were-almost-named-the-dragons-which-would-have-worked-perfectly-today-1.835389

Erin Blakemor, *Jim Crow laws created 'slavery by another name'*, 5 Febbraio 2020: https://www.nationalgeographic.com/history/article/jim-crow-laws-created-slavery-another-name

Boston Celtics, 2021: https://www.lines.com/nba/history-of-nba-teams/celtics

Beppe Carelli, *Jackie Robinson, l'uomo che ha cambiato il baseball,* 11 Aprile 2012: https://www.baseball.it/2012/04/11/jackie-robinson-luomo-che-ha-cambiato-il-baseball/

CBC Radio, *Before they were the Raptors, Toronto's NBA team was nearly the Beavers, Hogs or Dragons, 2019*: https://www.cbc.ca/radio/day6/raptors-name-game-impeach-o-meter-regulating-tech-companies-black-mirror-song-of-the-summer-and-more-1.5155735/before-they-were-the-raptors-toronto-s-nba-team-was-nearly-the-beavers-hogs-or-dragons-1.5155747

Larry Coon, *Collective Bargaining Agreement,* 2021, http://www.cbafaq.com/salarycap.htm#Q21

Luca Falconi, *Guida al salary cap NBA*, 23 Agosto 2021, https://www.overtimebasket.com/2021/08/23/guida-al-salary-cap-nba/

Branigan Faurschou, *NBA History,* 2015: https://nbahoopsonline.com/History/

Branigan Faurschou, *Why the NBA Succeeded Where Other Leagues Failed,* 2015: https://nbahoopsonline.com/Articles/WhytheNBAsucceeded.html

Adam Francis, *Toronto Raptors,* 28 Maggio 2019: https://www.thecanadianencyclopedia.ca/en/article/toronto-raptors

Nathaniel Friedman, *What Should the NBA Do When Nobody Can Touch the Superteams?,* 2017: https://www.gq.com/story/nba-superteams-2017

Richard Goldstein, *Wat Misaka, 95, First Nonwhite in Modern Pro Basketball, Dies*, 21 Novembre 2019, https://www.nytimes.com/2019/11/21/sports/basketball/wat -misaka-dead.html

Los Angeles Lakers, 2021: https://www.lines.com/nba/history-of-nba-teams/lakers

Andrew Lynch, *The history of NBA superteams, from Wilt Chamberlain to the 2017 Warriors,* 2017:https://www.foxsports.com/nba/gallery/nba-superteams-history-lebron-james-heat-cavaliers-warriors-061617

Kelly Scaletta, *Ranking the Most Dominant Dynasties in NBA History,* 2014: https://bleacherreport.com/articles/2104052-ranking-the-most-dominant-dynasties-in-nba-history

Andre Snelling, *NBA superteam ranking: who has the most star power?,* 2018: https://www.espn.com.au/nba/story/_/id/24380606/nba-superteam-rankings-warriors-rockets-celtics-teams-most-star-power

Sonics's payroll one of five frozen, in "The Spokesman-Review", 1 Aprile 1983, n. 318, p. 25, https://news.google.com/newspapers?id=qNURAAAAIBA J&sjid=oO4DAAAAIBAJ&pg=7432%2C138704

Johnathan Tillman, *TV Ratings Are Down, but the NBA's Popularity Isn't,* 09 Luglio 2021: https://boardroom.tv/nba-popularity-tv-ratings/

Flavio Tranquillo, *L'equilibrio competitivo: un preambolo,* 19 Aprile 2021, https://www.flaviotranquillo.com/lequilibrio-competitivo-un-preambolo/